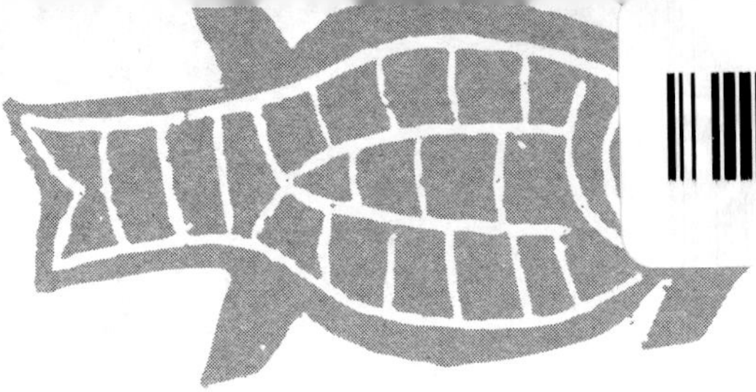



中华经典通识

绝代奇书

# 《淮南子》精解

徐昌盛 / 著

华中科技大学出版社
http://www.hustp.com
中国·武汉

图书在版编目(CIP)数据

绝代奇书：《淮南子》精解 / 徐昌盛著. —武汉：华中科技大学出版社，2018.6

（中华经典通识）

ISBN 978-7-5680-3895-9

Ⅰ. ①绝… Ⅱ. ①徐… Ⅲ. ①杂家—中国—西汉时代②《淮南子》—研究 Ⅳ. ①B234.4

中国版本图书馆CIP数据核字（2018）第108638号

绝代奇书：《淮南子》精解

Juedai Qishu:《Huainanzi》Jingjie

徐昌盛　著

策划编辑：闫丽娜

责任编辑：林凤瑶

封面设计：金刚创意

责任校对：李　弋

责任监印：朱　玢

出版发行：华中科技大学出版社（中国·武汉）　电话：（027）81321913

武汉市东湖新技术开发区华工科技园　邮编：430223

印　　刷：湖北新华印务有限公司

开　　本：880mm × 1230mm　1/32

印　　张：7.25

字　　数：160千字

版　　次：2018年6月第1版第1次印刷

定　　价：30.00元

华中出版

本书若有印装质量问题，请向出版社营销中心调换

全国免费服务热线：400-6679-118　竭诚为您服务

# 丛书序

这套丛书是面对国学或文史爱好者的读物，对于初备传统文化基础知识的读者来说，尤其值得一观。何出此言？因为这是一套超出了读者期待的书。

与古代经典有关的知识读物，多数是平庸的流俗之作。当你走进一家书店，或是浏览购物网站，挑选古代经典读物时，诗文选本、古籍白话译本以及那些散发着恶俗趣味的“经典中的某某智慧”一类的书，是最常见的。前面所列的各种读物质量，按其顺序来说，则是每况愈下。

诗文选本古代就有，最具代表性的自然是南朝梁昭明太子萧统所编的《文选》。隋唐之后，它成为古人学习诗文写作的基础书籍之一。后来，它还形成了“《文选》学”这样的专门学问。直到今天，《文选》研究仍是唐以前文学研究的重要部分。唐代的《中兴间气集》《河岳英灵集》等，是当时的人编选的唐诗读本，并一直流传到今天。明清以来，随着雕版印刷技术的成熟，书籍制作的技术门槛和成本越来越低，以儿童启蒙或科举应试为目的的诗文选本开始大量出现。最为我们熟知的就是《千家诗》和《唐诗三百首》。20世纪50年代之后，为适应新中国文化建设的需要，一些学问大家都曾编选过诗文选本，如余冠英的《诗经选》、王伯祥的《史记选》、萧涤非的《杜甫诗选注》、钱钟书的《宋诗选注》等。这些书选目精当，注释简明，且断语清通，可以说是新时代的经典选本。近二十年以来，电子技术的进步使得制作一本书越来越容易，各种临时拼凑的诗文选本大量出现。虽然编选注释者多是专业学者，甚至不乏名家，但是编选诗文不属于专业的学术研究，因此学者们投入的精力十分有限。此类书籍即便每年都有新产品面世，但其质量却令人担忧。

古籍的白话译本在今天看来已是奇葩。它们也是适应新中国文化普及工作而逐渐出现的读物。对于只具备初步文字阅读能力的读者来说，这些译本是他们了解古籍内容的便捷途径。因此直到今天，这类图书仍然被大量印刷。但是，当代人大多受过古文阅读的训练，借助注释，绝大多数的古籍是可以读通的。古文自有其独特的韵味，我们本可以从这些文字中体会汉语的韵律与美感，甚至可以怀想古人的辞气、心态、日常生活乃至时代风习。但古文一经白话翻译，那些文字中的美感和灵性便很难留存了。这就如同把新鲜的水果制成维生素片，那些天然的果香是加工过程中最先失掉的东西。即使最优秀的白话译者，也难以传递原始文字的美与韵。我们阅读这类书籍，就好像吃他人咀嚼过的食物，美食的滋味和入口的快感，恐怕只存在于译者的齿间。当然，翻译不能略过任何细节，因此，若我们将白话翻译当作阅读古文的辅助材料，把它们当作更加详细的注释来使用的话，这类书还是有不被卖做废纸的理由的。

“经典”中的某某智慧一类的读物，甚至不能被称作书，因为我们不能亵渎“书”这个词。《孙子兵法》与《三国演义》是被这类读物糟践最厉害的两部古书。对于这类读物，实在没有评论的必要。

读书当知其然，亦知其所以然。诗文选和译注一类的书，是文句和内容层面的通俗化，只提供了基本的阅读对象，却极少涉及古代文献的成书、流传与思想史背景等问题，这对于那些富于探索兴趣的读者来说，是远远不够的。况且，这样的书见得多了，很容易让人降低阅读的期待，因为不用翻开，就已经知道里面有什么了。

那么，如何来满足读者的探索兴趣呢？我想，凡是具有此种兴趣的人，都会被学术问题吸引。但专业的学术研究与通俗的阅读之间，横亘着一道鸿沟。王国维的《观堂集林》、陈寅恪的《金明馆丛稿》、余嘉锡的《古书通例》等著作，对于专业学者来说，弥漫着令人叹为观止的洞见与魅力，让他们反复玩赏，三月不知肉味。但这些著作对于普通读者来说，却显得过于艰深了。学术研究充满了无穷的魅力，但专业的书写方式成了一般读者了解学术问题的障碍。因此，在一般层面的阅读世界里，缺少的正是以通俗的语言来描述有趣学术问题的书。

“中华经典通识”系列丛书独辟蹊径，将学术研究中的那些有趣问题，以通俗化的语言讲述出来，成为一套让我们知其所以然的书。

在这一套书里，经典的成书、文本、思想与流传成了主要内容，这些也是专业学术研究的重要课题。这些书的作者，都是非常专业的青年学者，她（他）们经历了良好学术训练，对前沿问题有敏锐的嗅觉。当她（他）们想把那些有趣而精深的问题，用清通的语言写出来时，我们真该庆幸，同时也当感谢她（他）们。因为这样一来，学术就不仅仅是象牙塔里的狂欢了，而是可以惠及众人，让许多抱有文化情怀的读者所熟知，从而更深入地了解和探索学术研究中的那些有趣话题。

可以说，这是一套充满了朝气的书，是书中的少年，有着毫不妥协的傲骨。同时这套书又是一座桥梁，沟通了学术与通识，知识与趣味，让有关中华经典的诸多问题，以清新的面目示人，通俗而不平庸，且图文并茂，便于赏读。

徐建委

2018年1月

# 前言

CONTENTS

《淮南子》是汉代初年淮南王刘安领衔编撰的一部集大成之作，也是由先秦诸子演变到汉初的总结性作品，甚至可以称为轴心时代的子学殿军。《淮南子》的影响力，虽不能与论、孟、老、庄等儒道元典相颉颃，但沾溉后世、泽被千年而流传不灭，不仅彰显了顽强的生命力，而且蕴含着重要的现实意义。

《淮南子》本来是淮南王刘安与宾客共同创作完成的，但一般认为作者是刘安，因为他是主持人，全书体现了他的意志。刘安的父亲刘长因谋反罪在流放蜀地的途中绝食而死，汉文帝心中有愧，归还了褫夺的刘长的淮南国土地，分封给刘长的四子，刘安最长，嗣位为淮南王。但是作为“叛王之子”，刘安小心翼翼地维护着与汉武帝的关系，但“匹夫无罪，怀璧其罪”，诸侯王本来就是朝廷的防范对象，而刘安又以爱好琴书、蓄养宾客、施行仁义的贤王形象流播人口，越发加深了朝廷的猜忌。

《淮南子》的主要思想是黄老道家，兼有儒、墨、名和法等家的思想，具有集大成的特点。黄老思想是汉初政治的主导思想，主张休养生息、“无为而治”。但刘安生活的时代，汉朝经过七十年的积累，经济十分富庶，汉武帝又是雄才大略的君主，具有强烈的建功立业的意愿，在指导思想上更倾向于儒家。《淮南子》的问世显然不合时宜，命运也就可想而知。《淮南子》也是杂家思想的代表作，《吕氏春秋》是第一部杂家著作，是大一统形势来临的产物，《淮南子》是统一帝国走向盛世的产物，都带有很强的使命感。刘安著《淮南子》有很大的抱负，要穷究天地运行的规律、人间万事的秩序和帝王统治的道理，而这一切的着眼点在于“道”，从而建立了“道——天道（地道）——人道”的思想脉络。“道”是无所不在的客观存在，是宇宙万物的起源和主宰，又是治政做人的根本。“道”的本质体现为自然规律，顺应“道”就能成功，违背“道”必将失败。自然规律是客观的，统治者要按照自然规律来治理国家。《淮南子》的“无为”不是无所作为，而是顺势而为。政治上的“无为而治”是以清静无为的人生观为基础的。刘安要求人们什么也不用做，只要秉持无为的态度，就能合乎自然的规律。《淮南子》将天空分成九个部分，称为“九野”，又将天上的星宿与地上的郡国、州相对应，称为“分野”。《淮南子》第一次对二十四节气进行了科学的总结和完整的记载。《淮南子》还将音乐的十二律与二十四节气相配，体现了人类活动与四时运行的联系。《淮南子》中的地理学内容代表了先秦以来地理学研究的新成就，涉及世界的构成，水道的记载，动植物和矿产的分布，人们的风俗、脾性、样貌等。刘安的养生思想，以老庄思想为根底，认为人是自然的产物，追求人与自然的和谐，要求形神兼养，核心是保养精神，充分认识生死的意义，抑制世俗的欲望，不强为、不枉为。《淮南子》的“中篇”（即《枕中鸿宝苑秘书》）主要讲“神仙黄白之术”，是从秦始皇追求的天然草木之药向汉武帝追求的人工金石之药的过渡。

刘安及其宾客的著作，可靠的大约有二十一种，还有很多托名的伪书。《淮南子》全书结构严谨、体系严密，按照天、地、人的顺序安排篇章，环环紧扣，构成了一个完美的整体；全书涉及宇宙、天地、四时、政治、经济、军事、社会、人生等社会生活的各个重要领域，具有百科全书的性质。《淮南子》引用了大量的先秦文献，以道家文献为主，最多的是《老子》，其次是《庄子》，然后是《吕氏春秋》，当然也有《诗》《易》等儒家文献，《淮南子》的总结性价值正是来源于对先秦经典的融会贯通。刘安及其宾客创作了大量的赋作，刘安本人也是楚辞学家，写作时又有“多为之辞、博为之说”的主观需要，因此《淮南子》受赋体的影响，表现为文字上的繁缛、句式上的整齐、说理上的铺陈、意象上的铺排等。《淮南子》保存了大量的神话，是我国古代神话的宝库，尤其是完整地记录和保存了中国著名的四大神话，即后羿射日、嫦娥奔月、女娲补天和共工触山。《淮南子》也保存了丰富多彩的寓言故事，充满了哲理性，是先秦以来寓言发展的流风余脉。

《淮南子》是一部具有百科全书性质的名著，书中涉及的学科领域广阔，既有思想、哲学、历史、文学等人文学问，又有化学、天文、地理、医药、农业、水利等科技知识，因此胡适称其为“绝代奇书”。现代学者很难单独进行全面而深刻的研究，读者需要结合多种学科的著作才能对它有深入的认识，因此尚保留有大量有待发掘的部分，这也是这本书的魅力所在。

# 目录
CONTENTS

## 作者篇

## 思想篇

## 文本篇

# 作者篇

## 1.《淮南子》的作者究竟是谁?

《淮南子》的作者，历来被认为是淮南王刘安，《要略》是全书的序言，说“若刘氏之书，观天地之象，通古今之论”，“刘氏之书”即刘安的著作，说得清清楚楚、明明白白，后来刘安还献书给汉武帝，当时的人并未提出任何的质疑。因此，《淮南子》的作者本来是不需要讨论的问题，但随着近代以来著作权意识的增强，认为真正执笔的才是作者，人们开始尝试探讨，认为《淮南子》是刘安的门客集体编撰的看法占据了上风。那么这些门客有哪些人呢？唐代司马贞《史记索隐》引用《淮南要略》说：“养士数千，高才者八人：苏非、李尚、左吴、田由、雷被、伍被、毛被、晋昌，号曰八公。”东汉的高诱明确指出是“苏飞、李尚、左吴、田由、雷被、毛被、伍被、晋昌等八人，及诸儒大山、小山之徒”。这八个人中，史书有记载的是左吴、毛被和雷被三人，但都没有提到编写《淮南子》的事情，因此《淮南子》的具体撰写和任务分工，也就难以弄清楚了。现在习惯上认为《淮南子》的作者是刘安及其宾客。现代的观念注重实际的著作权人，但在古代却不是这样，将《淮南子》的作者说成是刘安，这是古代著书的通例。秦汉时门客是主人的依附，主人得志时就为之效力，失意时则作鸟兽散，《史记·魏其武安侯列传》记载武安侯田蚡受到宠幸，“天下吏士趋势利者，皆去魏其归武安”，因此座主和门客是互相利用的关系。主人提供食禄，门客贡献文字，只是一场温情脉脉的交易。刘安是诸侯王，他利用淮南王的尊崇地位和丰富的物质财富，接纳宾客、蓄养士人，这是战国末期直到西汉初年的通行做法。

战国时期，士人作为独立的社会阶层开始活跃在政治舞台上。这主要得益于两个重要因素：一是学在私门。在孔子之前，一切学问都在王官，孔子开创了私人授学的先例，建立了民间学问传授的传统。二是士的地位提升。随着学问的下移，普通人也能通过读书成为“知识分子”，他们中的聪慧者，能够凭借才华为诸侯国任用，张仪做了秦朝宰相，苏秦佩六国相印，他们能左右诸侯国的命运，“所在国重，所在国除”，士人地位的提升和价值的日益重要，使他们发出了“士贵耳，王者不贵”的口号。三是兼并战争中各国竞相笼络人才。战国末期，涌现出信陵君、春申君、平原君、孟尝君战国四公子，他们是诸侯国王室贵族，对当时的政局影响甚大。

汉“讲经图”画像砖
（高文：《四川汉代画像砖》，上海人民美术出版社，1987年）

秦国虽然没有权力独大、影响政局的公子，却有宰相吕不韦。吕不韦是战国后期的大商贾，在赵国邯郸遇到落魄的秦公子子楚，认为“奇货可居”，因此深相结交，并为之出谋划策，又将自己的美人献给子楚，据说当时美人已有身孕，因此传说嬴政其实是吕不韦的儿子。吕不韦通过讨好没有子嗣的华阳夫人，使子楚取得了嗣君的位置。子楚当权后是为秦庄襄王，任命吕不韦为丞相，封文信侯。三年后庄襄王去世，嬴政即位，尊吕不韦为“仲父”。这一次的政治投机，使他成为天下商人身份转型最成功的案例。

西安东郊韩森冢（传秦庄襄王陵）旧影　（［法］谢阁兰摄于1914年）

吕不韦仿照“战国四公子”，结交宾客，门下食客多达三千人，并让门人编撰了一部八览、六论、十二纪，共二十多万字的著作，包括了古往今来天地万物的道理，故称《吕氏春秋》，是当时天下即将大一统的写照。吕不韦很重视这本书，具有非凡的自信，将之刊布咸阳城门，上面悬挂一千金的赏金，若有人能增删一字，即赏以千金，在当时引起了轰动。实际上，这是一次成功的营销，迅速地扩大了该书的影响力。

吕不韦招揽门客著书而成《吕氏春秋》，首开风气，后来刘安组织门客编《淮南子》，即是仿照吕不韦的故事，南朝宋临川王刘义庆的《世说新语》和梁昭明太子萧统的《文选》也都属于这种性质。

## 2.淮南王的前生后世

淮南国是楚汉之争的产物。淮南国所在的江淮地区，原来是虞舜时代的皋陶的子孙的封地，长期分布着六、英、舒等小国，在春秋战国时期的兼并浪潮中，这些小国相继被楚国吞灭。秦末庐江郡六县的英布揭竿而起，在楚汉战争中屡立功勋，受封为第一任淮南王。

传说英布少年的时候，有个相面先生见他眉宇间透出英武之气，便说他将来不免遭受刑罚，然后可以封王。到了壮年，英布因犯罪而遭受黥刑的处罚。黥刑又叫墨刑，就是用刀在人脸上刻凿记号，再用墨涂在刀伤创口上，使其永不褪色。这对于罪犯来说，是终身挥之不去的耻辱，然而英布很欣慰，说这大概就是“当刑而王”吧，因此干脆改名叫“黥布”。听到的人不以为然，反而一起嘲笑他。那时的罪犯是要送往骊山服劳役的，主要是建造秦始皇陵墓，这一次征调有数十万人，英布跟长官和豪杰关系很好，行进途中，他率领一批刑徒逃往鄱阳湖地区，做起了强盗。

连环画《气英布》书影

陈胜起义的消息传到了英布的耳朵里，他于是率领数千刑徒起义响应并投靠吴芮。吴芮见英布有豪杰之气，便将女儿许配给他，结为姻亲。英布北上中原，当时秦将章邯消灭了陈胜主力，大破吕臣军队，英布协助吕臣作战，攻克了陈县，于是带领军队向东行进。东方的劲旅项梁是楚将项燕的后代，“楚虽三户，亡秦必楚”，久遭苛政的老百姓还是十分思念楚国的，后来项梁立楚怀王孙熊心为王，就是响应了人们的愿望。因此起义军都归附项梁。英布也在其中，首战杀死楚王景驹，占领彭城，立下了赫赫功劳，被封为“当阳君”。

项梁死后，楚怀王命宋义为上将军，号令各方将领。项羽杀宋义而自立，指挥英布渡过黄河攻击秦将，英布不负所望，屡次获胜，项羽得以带领军队越过黄河大破秦军。在楚军不断取得胜利的过程中，英布善于以少胜多、冲锋陷阵，无坚不摧、功劳最大。在攻打函谷关的关键战役中，英布从偏僻小路攻破守关军队，为项羽进入咸阳扫除了最大的障碍。项羽在分封十八路诸侯王时，封英布为九江王，辖治十四县，建都于六（今安徽六安）。

西楚霸王项羽立楚怀王孙熊心为义帝，却将都城迁到长沙，又偷偷地命令英布击杀义帝。这件事使英布认识到项羽的所作所为终究不得人心，便故意与他疏远起来。次年齐王田荣背叛项羽，项羽东征田荣，到九江征兵，英布称病不去，只派了几千人应付一下。刘邦趁项羽东征田荣之际，率领大军攻占彭城，英布假装称病袖手旁观，引起项羽的震怒，多次派人责备，英布也十分害怕。但项羽担心北方齐、赵，西边顾虑刘邦，只有英布还算可靠，又欣赏英布的将才，希望能够拉拢他，因此没有出兵讨伐。

刘邦与项羽的彭城一战，刘邦失利，事后刘邦采取张良的建议，分化项羽阵营，重心是拉拢英布。谋士随何主动要求策反英布，带领二十人出使淮南。起初英布不肯见，随何晓以利害，大致有三点：一是项羽征战而英布不肯出兵，已有积怨；二是项羽背负盟约杀害义帝已蒙不义之名；三是楚军虽强，但战线过长、招怨甚多，必遭失败。于是英布许诺叛楚归汉。事情泄露，项羽派兵攻破九江，英布妻子儿女全部遇害，不得已逃奔刘邦，英布改换门庭，改变了楚汉力量的对比。在垓下一战中，英布参与合围项羽，立下了功劳。刘邦封其为淮南王，都城仍然为六，辖九江、庐江、衡山、豫章四郡，与项羽分封的范围相比，大大增加了。

汉未央宫前殿旧影
（［日］足立喜六：《长安史迹研究》，三秦出版社，2003年）



天下平定之后，刘邦开始诛杀异姓王，英布是最后一个被杀的异姓王。在异姓王相继被杀的过程中，英布坐立不安，时时担心大祸临头。淮阴侯韩信的被害加深了他的恐惧，而梁王彭越被剁成肉酱，分赐给诸侯时，英布正在打猎，看到肉酱，十分害怕，于是偷偷命人聚集武器，观察有没有紧急情况。这时，英布的宠妃生病，常去医家就医，中大夫贲赫正好与医家对门，厚礼赠送宠妃，希望能进美言。宠妃于是赞赏贲赫，英布以为他们有奸情，贲赫逃归长安，诬告英布谋反。汉使者奉命查问此事，英布遂杀了贲赫全家，举兵造反。刘邦亲自率兵征讨，英布作战失利，逃亡途中被诱杀，史书说诱杀他的长沙王吴臣是吴芮之子，即英布的小舅子。刘邦因被流矢射中，不久也去世了。

英布反后，刘邦立自己三岁的幼子刘长为淮南王，统辖英布故地，都城从六迁到寿春（今安徽寿县一带）。刘长是刘邦的幼子，母亲赵氏本来是刘邦的女婿赵王张敖的美人，换句话说，就是女婿将小妾送给了岳父。刘邦征伐韩王信经过赵国时，赵美人得到刘邦的临幸而怀孕，当时赵氏未能察觉，刘邦也不知道。高祖八年（公元前199年），赵王的国相贯高不能忍受刘邦的无礼，私自命人埋伏在刘邦将要下榻的厕所夹壁，伺机刺杀刘邦。刘邦准备投宿时，忽然心有所动，得知此地是柏人县，便说“柏人者，迫于人也”，感觉名字不祥，没有投宿，导致刺杀未遂。第二年，这件事情败露，赵王张敖受牵连以谋反罪下狱，赵美人也未能幸免。于是赵美人委托狱吏将已怀有刘邦儿子的事情向刘邦报告。当时刘邦正在气头上，未予理睬。赵美人弟弟赵兼委托吕后的红人辟阳侯审食其向吕后说情，吕后知道此事后很不高兴，不肯帮她说话，审食其也没有尽力争辩。赵美人生下刘长后含怨自杀，刘邦十分懊悔，便令吕后抚养刘长，因此刘长与吕后便有了一层特殊的关系。高祖十一年（公元前196年），淮南王英布谋反，刘邦褫夺了英布的王位，立刘长为淮南王，改都寿春，治有九江、庐江、衡山、豫章四郡，次年英布谋反失败，刘长赴任，张苍为国相。

## 3. “兄弟二人不相容”

汉初有句民谣说“一尺布，尚可缝，一斗粟，尚可舂，兄弟二人不相容”，意思是即使只有一尺布，也能缝成衣服穿；有一斗粟米，也能舂好一起吃；怎奈以天下之广而不能容纳兄弟呢？这指的是淮南王刘长和汉文帝刘恒兄弟相残的故事。

刘邦死后，惠帝刘盈即位，吕后掌握了政权，大力提拔娘家的亲戚，吕后的兄弟们依仗吕后的势力专断权力，大肆杀戮刘邦的子孙，赵王如意被毒死，梁王刘恢被逼死，淮阳王刘友被饿死。淮南王刘长因为是吕后的养子，所以没有遇害。代王刘恒因为母亲薄姬无宠而早早就去了封地，才躲过一劫。吕后死后，周勃、陈平诛杀了吕家人，因为当时传说惠帝没有儿子，吕后所立两任少帝都来自民间，因此他们只能从刘邦的儿子中选择新皇帝，淮南王刘长和代王刘恒为高祖八子中仅存的两个儿子，都是继承大统的热门人选，刘恒得到了手握京师兵权、能左右局势的周勃的支持，最终在竞争中胜出，这就是史称明君的汉文帝。

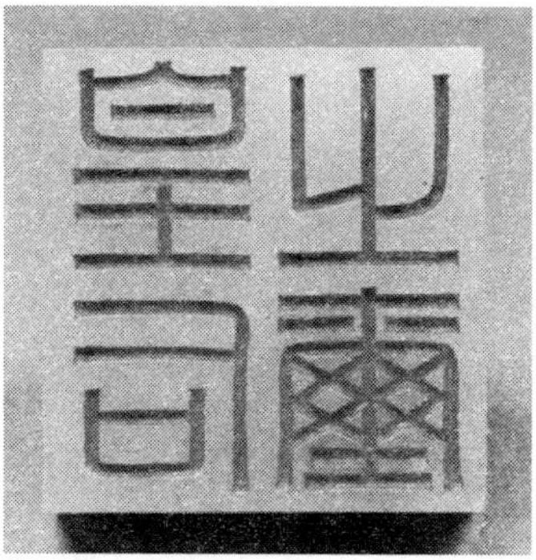

汉高祖长陵附近出土“皇后之玺”

刘长争位失败后，很是不满，又自恃是文帝长兄，彼此关系密切，因此非常骄横、目无法纪，史书说他“自以为最亲，骄蹇，数不奉法”，文帝为人宽厚，常常赦免不罪，助长了刘长的嚣张气焰。文帝三年（公元前177年），刘长到长安朝见天子，文帝尊称其为“大兄”，一起去上林苑打猎，天子允许其同辇并行，恩遇甚隆。在长安的时候，刘长想到辟阳侯审食其当年不肯在吕后前尽力争辩，以致母亲赵美人被杀，报仇之念久而愈炽，故而入见审食其，藏金椎在袖中，将其椎杀。史书说“孝文时，淮南厉王杀辟阳侯，以党诸吕故”，说审食其是吕后一党，文饰刘长的罪过，使其免于惩罚；刘长本人也列了审食其的三条罪状，其他两条是指责吕后杀赵王如意母子而不争辩，吕后让兄弟称王也不争辩，因此既是报母仇，也是“为

西安东郊凤凰嘴（传汉文帝霸陵）旧影
（［日］足立喜六：《长安史迹研究》，三秦出版社，2003年）

天下诛贼”。这不过是师出有名的把戏而已，实际上他本人与吕后的关系也非常密切，此举不过是借此由头泄私愤报私仇而已。文帝顾念他是为母报仇，又是自己唯一的兄弟，故怜而不罪，这更助长了刘长的骄横气焰。

刘长相貌堂堂、身躯魁梧，很有力气，史书说他“有材力，力能扛鼎”，壮实堪比秦武王，人们都很畏惧他，更使他越发不可一世，甚至做出僭越的举动，史书说他“不用汉法，出入称警跸，称制，自为法令，拟于天子”，简直以天子礼仪自命了。文帝命令薄昭写信数落他的罪恶，大致有四个意思：一是说皇帝待刘长非常优厚，刘长理应感恩戴德；二是指责刘长不孝、不贤、不义、不顺、无礼、不仁、不知、不祥等八大罪状；三是借周公诛管、蔡，齐桓公杀弟，秦皇杀两弟，来暗示刘长注意自己的下场；四是让刘长尽早“上书谢罪”，并且拟好了谢罪的内容，如果不谢罪，那朝廷就要兴师问罪了。刘长因谋反被废的理由是棘蒲侯柴武太子柴奇派一个叫开章的人到淮南找大夫“但”，由他带领70人和40辆战车，到长安西北的谷口（礼泉县境）叛乱，并准备出使闽越、联络匈奴派兵相助。这事被刘长的一个官吏发现，报告皇帝。皇帝派长尉来捉拿开章，刘长把他藏匿起来，谎称开章死了，又恐事不密，将其灭口。

文帝六年（公元前174年）刘长因谋反而被废，发配到遥远的蜀中，到了雍地（今陕西凤翔南），刘长被发现已绝食而死。所有参与押送的官吏，全部因失职而被处死。诸侯王死后，循例要定谥号，最后定了“厉”字。《谥法》说“暴慢无亲曰厉”，“杀戮无辜曰厉”，突出了他的残暴傲慢，显然是恶谥，一直沿用至今。

文帝七年，文帝以贾谊为其子梁王太傅，贾谊上《陈政事疏》，提出“众建诸侯而少其力”的政策，主张广泛地赐封诸侯来减少诸侯王的实力，这是中央削弱诸侯势力的开始。文帝八年，文帝以刘长死于非命，封其子刘安为阜陵侯，刘勃为安阳侯，刘赐为阳周侯，刘良为东成侯。文帝十二年，民间有歌称“一尺布，尚可缝，一斗粟，尚可舂，兄弟二人不相容”，这是针对文帝废掉淮南王而占有郡国土地而言的，实际上是讥其贪占兄弟的土地。淮南厉王刘长是文帝唯一的兄弟，因贬蜀途中死于雍地，孝文帝怀有愧疚。文帝十六年，在经历了十年之久后，文帝封刘安为淮南王、刘勃为衡山王、刘赐为庐江王，时刘良已死。

## 4.叛王之子的尴尬命运

刘安虽然嗣位淮南王，但作为“叛王之子”，自然就是朝廷安抚和防范的对象。表面上看，刘安与武帝的关系不错，刘安是刘长之子，武帝刘彻为文帝之孙，因此刘安与刘彻属于叔侄关系。《汉书·淮南王传》载：“时武帝方好艺文，以安属为诸父，辩博善为文辞，甚尊重之。每为报书及赐，常召司马相如等视草乃遣。初，安入朝，献所作《内篇》，新出，上爱秘之。”武帝对刘安的文学修养很是欣赏，凡有回信，都要请大作家司马相如等代为润色，说明武帝对自己的文学水平很不自信，尽量避免在叔父面前丢脸；武帝对刘安所献的《淮南子》也十分喜爱，却“秘之”不愿让人知道。两者关系似乎融洽和睦，可惜的是，刘安最终因谋反之罪而死于非命。

刘安谋反的过程在《史记》里记载很是详细。景帝三年（公元前154年），吴楚七国之乱，刘安准备举兵响应，被国相劝止，同时朝廷的援兵打消了他的念头。建元二年（公元前139年），刘安入朝，太尉田蚡哄他将来能继皇位，他回国后暗中勾结宾客，安抚百姓，伺机造反。建元六年（公元前135年），天上出现了彗星，彗星被认为是战争的预兆，刘安以为天下将乱，加紧了谋反的准备。闽越发兵攻击南越，汉武帝发兵讨伐闽越，刘安上书劝阻，两者关系公开出现了裂痕。淮南王太子刘迁妃是武帝姐修成君金俗的女儿、皇太后的外孙。元朔二年（公元前127年），刘安怕谋反的事情被太子妃知悉，于是与太子刘迁合谋，逼迫她返回娘家。元朔五年（公元前124年），淮南王国郎中雷被因戏剑误中太子刘迁，十分惊恐，正好朝廷有令说“有欲从军者辄诣长安”，“被即愿奋击匈奴”，让想当兵攻打匈奴的直接去长安报到，雷被欲行，太子刘迁不肯放人，雷被逃至长安，上书告发刘安阻挠他北上从军抗击匈奴，朝廷欲缉拿太子刘迁，刘安准备起兵反叛，因武帝的赦免而暂时弭兵，但谋反心理进一步加强。刘建是刘不害之子，刘安的庶子刘不害，虽年岁最长，但刘安并不喜欢他，“后、太子皆不以为子兄数”，王后和太子都不拿他当儿子或兄弟看待，刘建很是不满。元朔六年（公元前123年），刘建指使庄芷上书皇帝，告发太子刘迁迫害其父子，引起了丞相公孙弘的重视，因为事情涉及太子刘迁，刘安深感不安，武帝派廷尉监去淮南国逮捕刘迁，于是刘安与刘迁准备发兵抵抗，计划失败，刘迁见形势不妙，欲自杀，未遂。谋臣伍被自首，谋反罪证泄露，武帝令公卿大臣审理此案，刘安自刎而死，其他人灭族。淮南王国废为九江郡。

关于刘安谋反的问题，历史上一直存在争议，表现为两种相反的观点：司马迁、班固、王充、应劭、伏滔、司马光、王夫之、王云度、金春峰等学者认为谋反是事实；吴汝伦、朱东润、徐复观、牟钟鉴、雍国泰、陈广忠、于首奎、张双棣、陈丽桂等学者认为谋反是一桩冤案。这两种观点各有依据：第一种认为刘安谋反属实的观点，因为有正史明确的记载，究其动机是刘安念念不忘为父报仇的志向和受为谋私利的宾客的唆使。司马迁《史记·淮南衡山列传》说刘安“时时怨望厉王死，时欲畔逆”，突出了其为父亲报仇的志向，班固《汉书》因之，司马光《资治通鉴》、王夫之《读通鉴论》皆赞同这个观点；第二种观点否认刘安的谋反，认为是场冤案，这以徐复观《两汉思想史》的观点最具代表性，他认为诸侯王豢养宾客、集聚人才，形成文化中心，致使名誉流播，国力日强，触犯了朝廷的忌讳。

徐州狮子山楚王刘戊墓从葬坑步兵俑

正所谓“匹夫无罪，怀璧其罪”，刘安处在淮南王这样重要的位置，自然就是朝廷的心腹之患，必然要成为朝廷的重点防范对象，而不取决于他是纨绔公子还是英明君主，甚至在某种程度上，他的英明、智慧、仁义反而加速了他的覆亡。因此我们看待刘安的谋反案，应该从当时的历史语境出发，去体会当事人的尴尬和痛苦，了解当时诸侯王“反亦诛，不反亦诛”的生存困境。

## 5.亲孙的举报和家臣的背叛

淮南王案是武帝朝第一大诸侯谋反案，也是汉代士人的重要话题。司马迁通过丰富翔实的材料以近乎实录的方式述其经过，这种写作方法本身就很意外，后世学者如班固等多加因循，基本没有提供不同的材料，东汉的桓宽、王充等学者也提及淮南王刘安的谋反问题，虽只是只言片语，远非史书那样详细，但字里行间提供了不一样的说法。

淮南王谋反的经过，《史记》的记载甚为详细。司马迁说刘安谋反的动机：

> 为人好读书鼓琴，不喜弋猎狗马驰骋，亦欲以行阴德拊循百姓，流誉天下。时时怨望厉王死，时欲畔逆，未有因也。（《史记·淮南衡山列传》）

意思是刘安对父亲的事情时有积怨，常常谋为叛逆，只是一直没有机缘，于是砥砺道德，收买人心。司马迁认为诸侯王都应该爱好“弋猎狗马驰骋”，诸侯王越是整天骑马射箭、斗鸡走狗、不务正业，朝廷越有安全感；而刘安偏偏爱好“读书鼓琴”，显然与众不同，这种雅致的生活和高尚的情操，反而引起了朝廷的警惕，激起了武帝的危机意识。司马迁又没法说刘安的爱好不妥当，只好说为了谋反而进行的伪装，显然是欲加之罪何患无辞了，这其中有不得不为皇帝文饰的苦衷。



关于淮南王谋反的次第，司马迁说：

> 孝景三年，吴楚七国反，吴使者至淮南，淮南王欲发兵应之。其相曰："大王必欲发兵应吴，臣愿为将。"王乃属相兵。淮南相已将兵，因城守，不听王而为汉；汉亦使曲城侯将兵救淮南，淮南以故得完。（《史记·淮南衡山列传》）

这是说吴楚七国反叛时，刘安已经有谋反的意向，幸亏淮南相巧妙地制止了。这个材料本身是可疑的，淮南相本属朝廷任命，有监视淮南王的责任，怎么可能为刘安所信任？而淮南相面对刘安谋反居然不正言厉词，而要曲折助汉，殊不可解。这很可能是淮南相后来的自辩之词。徐复观《两汉思想史》说"若果有此事，便没有安然度过景帝时代的可能，这是后来武帝陷害他的方法之一"，指出了问题的实质。

如果说以前刘安只是对父亲的死耿耿于怀，那么田蚡窥伺到机会，进一步以皇位相诱引，挑动其叛逆的心思，那么在逻辑上是再正常不过的了。史书说：

> 建元二年，淮南王入朝。素善武安侯，武安侯时为太尉，乃逆王霸上，与王语曰："方今上无太子，大王亲高皇

帝孙，行仁义，天下莫不闻。即宫车一日晏驾，非大王当谁立者！”淮南王大喜，厚遗武安侯金财物，阴结宾客，拊循百姓，为畔逆事。建元六年，彗星见，淮南王心怪之。或说王曰：“先吴军起时，彗星出长数尺，然尚流血千里。今彗星长竟天，天下兵当大起。”王心以为上无太子，天下有变，诸侯并争，愈益治器械攻战具，积金钱赂遗郡国诸侯游士奇材。诸辨士为方略者，妄作妖言，谄谀王，王喜，多赐金钱，而谋反滋甚。（《史记·淮南衡山列传》）

田蚡是武帝的舅舅，因为得罪了武帝祖母窦太后，被罢太尉，此时正闲居在家，他以汉武帝尚无太子为借口诱引，刘安大喜，厚赠财物，并为了在天下大变后夺得帝位，开始准备战争器具，这构成了刘安谋反的第二重证据。但是建元二年（公元前139年），武帝才十七岁，尚年富力强，怎么就忧虑无后呢？另外，田蚡时已罢职闲居，并不能提供帮助，所言无非是口惠而已，刘安怎么会轻信并以重礼相谢？这也是史书记载的疑点。

史书又说：“王谋为反具，畏太子妃知而内泄事，乃与太子谋，令诈弗爱，三月不同席。”太子妃是淮南王皇太后修成君金俗的女儿，嫁给刘安之子刘迁，金俗是汉武帝异父同母的姐姐，则太子妃是汉武帝的侄女。刘安担心太子妃知道谋反的事情，于是设计令其归去。值得注意的是，此时王后荼、刘迁、刘陵开始执掌国政，欺压百姓，史书说“王后荼、太子迁及女陵得爱幸王，擅国权，侵夺民田宅，妄致系人”，这种行为得罪了不少人，很可能是导致灾祸降临的真实原因。

刘安的被告发，正是来自太子刘迁与宾客的矛盾。史书说：



元朔五年，太子学用剑，自以为人莫及，闻郎中雷被巧，乃召与戏。被一再辞让，误中太子。太子怒，被恐。此时有欲从军者辄诣京师，被即愿奋击匈奴。太子迁数恶被于王，王使郎中令斥免，欲以禁后，被遂亡至长安，上书自明。诏下其事廷尉、河南。（《史记·淮南衡山列传》）

刘迁刚愎自用，以为自己的剑术高明，天下没有人比他更厉害了，雷被也擅长剑术，但不敢与太子比试，尽管推了又推、慎之又慎，还是不小心击伤了他，所以刘迁说了雷被的坏话，刘安对雷被进行了处分。当时汉武帝伐匈奴，诏令愿意从军者，自行到长安应募，如果谁要阻拦，以有罪论处。雷被误伤太子迁后，心中恐惧，准备应募，如今要被处分，于是趁机逃亡长安告发自己应募被阻，武帝下令削除二县，即从刘安手里收回两个县的管辖权和租税权。雷被的过失和刘安的处理，本来也不算什么大事，不足以传到遥远京城皇帝的耳朵里，因此徐复观推测“雷被可能是由朝廷授意的”，也就是说这是朝廷的阴谋。

淮南王虽然无可奈何地接受了削地的处罚，但是内心的不满与日俱增，《史记》说：“王初闻汉公卿请诛之，未知得削地，闻汉使来，恐其捕之，乃与太子谋刺之如前计。及中尉至，即贺王，王以故不发。其后自伤曰：‘吾行仁义见削，甚耻之。’然淮南王削地之后，其为反谋益甚。”值得注意的是，淮南王与淮南相的矛盾：“会有诏，即讯太子。当是时，淮南相怒寿春丞留太子逮不遣，劾不敬。王以请相，相弗听。王使人上书告相，事下廷尉治。”淮南相由朝廷任命，负有监视诸侯王的责任，并不相统属，因此淮南相敢于拒绝淮南王的请求。既然淮南相如此跋扈、目无国王，那么在他的监视下，淮南王怎么可能有条件谋反呢？这时候有关淮南王的流言蜚语也日益增多。“诸使道从长安来，为妄妖言，言上无男，汉不治，即喜；即言汉廷治，有男，王怒，以为妄言，非也”，淮南王是汉武帝的叔叔，长二十四岁，汉武帝正富于春秋，刘安又怎么能寄希望于武帝没有子嗣呢？

同时，《史记》又进一步描述淮南王与伍被、左吴等人的谋反部署。淮南王自述动机道：“上无太子，宫车即晏驾，廷臣必征胶东王，不即常山王，诸侯并争，吾可以无备乎！且吾高祖孙，亲行仁义，陛下遇我厚，吾能忍之；万世之后，吾宁能北面臣事竖子乎！”此时伍被出面阻止，晓之以理，动之以情，淮南王不听，于是伍被“气怨结而不扬，涕满匡而横流，即起，历阶而去”。这里说武帝是厚待淮南王的，关系非常融洽，刘安不忍谋反，但忧虑的是诸王一旦起事，祸及淮南国，因此设武备是正常的。

淮南王的家族矛盾也被揭发出来，刘安之子刘不害，因是妾生，没有得到宠幸，兄弟们也看不起他，刘不害的儿子刘建，欲害死太子，再以其父代之。史书说：“材高有气，常怨望太子不省其父；又怨时诸侯皆得分子弟为侯，而淮南独二子，一为太子，建父独不得为侯。建阴结交，欲告败太子，以其父代之。太子知之，数捕系而榜笞建。”因此刘建以家长里短向朝廷谗毁淮南王太子，同时审食其之孙审卿和丞相公孙弘友好，“怨淮南厉王杀其大父，乃深购淮南事于弘，弘乃疑淮南有畔逆计谋，深穷治其狱。河南治建，辞引淮南太子及党与”，冤家审氏的落井下石起了关键的作用。刘安已想发兵谋反，问伍被，伍被不同意，但出主意设法激起天下百姓和诸侯王对武帝的不满，既能取得天下的支持，又能师出有名，又按照伍被的计谋预先准备了皇帝百官的印信，史书说这时刘安已经制造百官印，“王乃令官奴入宫，作皇帝玺，丞相、御史、大将军、军吏、中二千石、都官、令丞印，及旁近郡太守、都尉印，汉使节法冠，欲如伍被计”，这些大逆不道物件的发现，坐实了刘安的谋反野心。



然而伍被的计策未被全部采用，亲孙刘建的告发促使皇帝逮捕淮南王太子，《史记》说：

于是廷尉以王孙建辞连淮南王太子迁闻。上遣廷尉监因拜淮南中尉，逮捕太子。至淮南，淮南王闻，与太子谋，召相、二千石，欲杀而发兵。召相，相至；内史以出为解。中尉曰：“臣受诏使，不得见王。”王念独杀相而内史中尉不来，无益也，即罢相。王犹豫，计未决。太子念所坐者谋刺汉中尉，所与谋者已死，以为口

汉“皇帝信玺”封泥（东京国立博物馆藏）

绝，乃谓王曰："群臣可用者皆前系，今无足与举事者。王以非时发，恐无功，臣愿会逮。"王亦偷欲休，即许太子。太子即自刭，不殊。伍被自诣吏，因告与淮南王谋反，反踪迹具如此。吏因捕太子、王后，围王宫，尽求捕王所与谋反宾客在国中者，索得反具以闻。上下公卿治，所连引与淮南王谋反列侯二千石，豪杰数千人，皆以罪轻重受诛。

应该说谋反论据的主要来源有两种，一是刘建的告发，"今建在，征问，具知淮南王阴事"，但刘建并不受宠，能够知道多少谋反的事，这是很难判断的，再加上涉及他与父亲刘不害的切身利益，因此他的证词是不可靠的；二是伍被的供词，《史记》记载的隐秘之事应该来自伍被的自首，当然这也是经过伍被修饰的，欲以自保，因此史书记载颇多曲护伍被，"天子以伍被雅辞多引汉之美，欲勿诛。廷尉汤曰：'被首为王画反谋，被罪无赦。'遂诛被。"伍被故意开脱罪责削弱了他做证的真实性，后来班固《汉书》删掉了伍被的言辞，很可能出于这个考虑。伍被当初是淮南王谋反的策划者，又以自首的方式证实了淮南王的谋反罪，王夫之《读通鉴论·武帝》甚至直斥伍被"首鼠两端"，是"反覆倾危之奸人"，指责他没有立场，属于翻手为云、覆手作雨的奸佞之徒。

总之，淮南王谋反案，朝议空前一致：



赵王彭祖、列侯臣让等四十三人议，皆曰："淮南王安甚大逆无道，谋反明白，当伏诛。"胶西王臣端议曰："淮南王安废法行邪，怀诈伪心，以乱天下，荧惑百姓，倍畔宗庙，妄作妖言。《春秋》曰：'臣无将，将而诛。'安罪重于将，谋反形已定。臣端所见其书节印图及他逆无道事验明白，甚大逆无道，当伏其法。而论国吏二百石以上及比者，宗室近幸臣不在法中者，不能相教，当皆免官削爵为士伍，毋得官为吏。其非吏，他赎死金二斤八两。以章臣安之罪，使天下明知臣子之道，毋敢复有邪僻倍畔之意。"丞相弘、廷尉汤等以闻，天子使宗正以符节治王。未至，淮南王安自刭杀。王后荼、太子迁诸所与谋反者皆族。

大臣们议论的结果，最后由公孙弘和酷吏张汤汇报给武帝，公孙弘受到审家的蛊惑，张汤又以酷吏名世，结果是可想而知的。元狩元年（公元前122年），刘安自杀，时年五十九岁，"列侯二千石，豪杰数千人，皆以罪轻重受诛"，《汉书·五行志下》说"坐死者数万人"，刘安案牵涉面甚广，死亡人数甚众，可谓当时的大案要案。

淮南王案的处理方法是典型的春秋决狱。董仲舒在《春秋繁露·精华》中提出"《春秋》之听狱也，必本其事而原其志"，《盐铁论》说"《春秋》之治狱，论心定罪。志善而违于法者免，志恶而合于法者诛"，"志"就是动机，断案要根据犯罪动机论罪。董仲舒并录《春秋》决狱二百三十二事作为示范。董仲舒是最早主张除掉刘安的人，建元六年上书说"在外而不正者，虽贵如高庙，犹灾而燔之，况诸侯乎"，即指的是刘安。《春秋繁露》说董仲舒"使其弟子吕步舒以《春秋》义治淮南狱"，吕步舒断案受命于董仲舒，《汉书·五行志》说“使仲舒弟子吕步舒持斧钺治淮南狱，以《春秋》谊颛断于外，不请。既还奏事，上皆是之”，吕步舒是受汉武帝任命处理淮南王谋反案的官员，具有专断权，不需要请示武帝，最后的结果也得到武帝的认可。前面提到的胶西王刘端引《春秋》“臣无将，将而诛”句即是证据。“臣无将，将而诛”来自《公羊传·庄公三十二年》，原句是“君亲无将，将而诛焉”，来源于公子牙在大哥临死时支持二哥而不是侄子继位，说明对小侄有不轨的企图，有弑君的想法，这种想法是大逆不道的，这是根据动机来确定犯罪，而不必根据事实。《史记·刘敬叔孙通列传》说“人臣无将，将即反，罪死无赦”，“无将”即心存谋逆，这是当时最大的罪过。张汤等人足以根据动机来定罪了，更何况还有百官印等证据，谋反罪显然坐实了。金春峰《汉代思想史》说：“董仲舒著《春秋决狱》《春秋决事》，其弟子吕布舒以《春秋》专断于外，治淮南王等谋反大狱，一杀就是数万人，正是董仲舒公羊学精神的体现。”

关于淮南王谋反案，《史记·酷吏列传》提供了不同的说法，书中引用狄山的话说“臣固愚忠，若御史大夫汤乃诈忠。若汤之治淮南、江都，以深文痛诋诸侯，别疏骨肉，使蕃臣不自安。臣固知汤之为诈忠”，大意是酷吏张汤罗织罪名，用心在疏远兄弟骨肉，使藩王没有安全感，汉武帝听罢却对狄山不悦，命其外出做官而丧命于匈奴，则张汤很可能是奉命行事，淮南王案有汉武帝的授意。晚清吴汝纶进一步说明了和平年代兄弟骨肉间的猜忌，说：“吾考之史，淮南之反，则审卿、公孙宏构之，而张汤寻端治之，盖冤狱也。凡史所称谋反反形未著，而先事发觉受诛者，事大率皆类此。……淮南仍父子被恶名，陨身失国，太史公盖尤伤之。后之帝者，开创，则除功臣；守成，则忌骨肉。亘千载踵蹑一辙，是其尤可悲者也。”如果刘安确属谋反，尽管是自杀，也应当施以极刑，但实际上处理的是宗正，说明属宗族内部矛盾；我们知道，《史记》善于应用互见法，本传交待了主流的观点，而在其他传记中保留不同的观点。又《汉书·严助传》载刘安的《谏伐闽越书》，也反映了司马迁以互见法保存史料的苦心。建元六年（公元前135年）闽越复反，武帝遣两将南征，刘安上书致谏，“上嘉淮南之意，美将卒之功，乃令严助谕

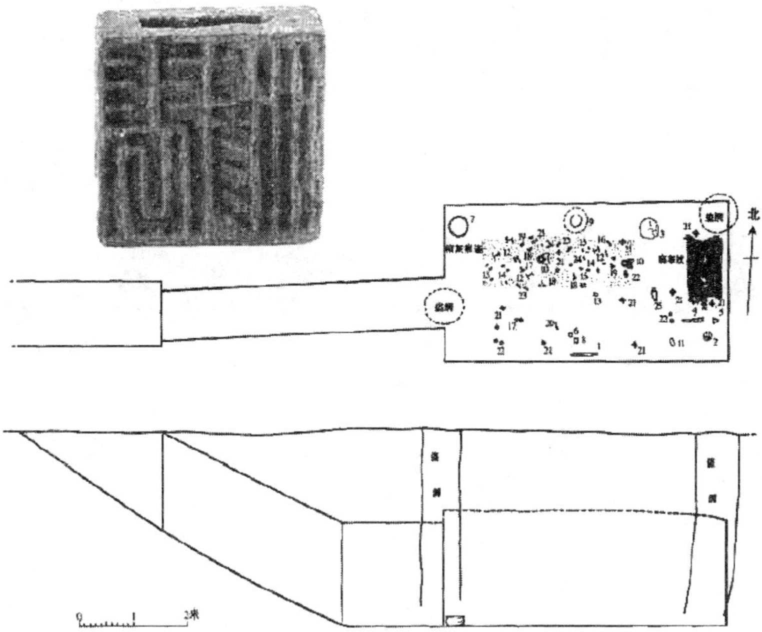


西安南郊张汤墓及出土“张汤”铜印
（西安市文物保护考古所：《西安市长安区西北政法学院西汉张汤墓发掘简报》，《文物》2004年第6期）

意风指于南越”，汉武帝不仅赞赏刘安的谏书，而且付之于实际行动。赵翼《廿二史札记》说：“淮南王安好文学及神仙之事，其始固贤王也。《史记》世家开道即叙其以厉王死，怨望欲叛，初不述其贤行，并其谏伐南粤一书最可传者，亦但载入《严助传》，而安世家内不载。”王夫之《读通鉴论》认为刘安此书是攻击天子之过，说：“淮南王之谏伐南越，不问而知其情也。读其所上书，讦天子之过以摇人心，背汉而德己，岂有忧国恤民仁义之心哉！”王谟《淮南鸿烈后记》则认为刘安有忠诚之心，而不是过激之言，“谟尝读王《谏伐闽越书》，窃嘉其有忠爱之心，而文尤卓荦，即微此书，亦可以不朽”。吴汝伦《读淮南王〈谏伐闽越书〉后》反对世人以此为谋反的论调，说“淮南王谏伐闽越，为汉计谋至忠悬，而世辄以谋反少之”，认为“此国家利害不得顾己私，是乃安之所以为忠悬也。且武帝用兵决于英略，无敢讼言诤论者。公孙弘谏伐匈奴，卒受难，自任过；司马长卿欲谏开西南夷，亦不敢正言，而托论谕于蜀父老。独王安于闽越之举，庄言且论，不稍避忌，此其贤于长卿、弘远矣”，肯定刘安不惧汉武帝的刚愎，敢于对国家大事发表议论，比司马相如和公孙弘贤明多了。

## 6.反亦诛，不反亦诛

根据淮南王及其宾客的思想动机、武装实力，结合当时诸侯王的处境，淮南王无论谋反与否，结局都是一样的。

刘安不是政治家，并没有与中央抗衡的意愿。刘安的思想主体是黄老道家，主张“淡泊无为，蹈虚守静”，追求“养生”“全性”。《淮南子·诠言训》告诫人们不要追求富贵权力，“唯不求利者为无害，唯不求福者为无祸。侯而求霸者必失其侯，霸而求王者必丧其霸。故国以全为常，霸王其寄也；身以生为寄，富贵其寄也”，就是说不追求利益和福分，则避免了祸害，就能长久保有现在的东西，正是老子所谓的“夫唯不争，故天下莫能与之争”。

刘安也没有谋反的动机，父亲淮南厉王刘长因冤屈而死，固然使他甚为不满，但朝廷也表达了歉意，不仅返还了淮南国的土地，而且追封刘长为淮南王，基本恢复了刘安家族的财产和荣誉。作为补偿，刘长的四个儿子相继封侯，除一子早逝外，其他三子后来又晋封为王，虽然是原有封地的再分配，带有分散实力的考量，但王爵毕竟增加了两个，名义上的待遇也未尝不优厚。

刘安也没有谋反的能力，刘安的武装实力也不足以谋反。景帝时期吴楚七国的叛乱，势头非常猛烈，尚且在三个月内被中央剿灭，吴国煮海为盐、即山铸钱，财力十分富足，尚且不能有所作为，以淮南国的实力，更是难以与中央政府抗衡。淮南国即使拥有武装，也不过是用于日常防备而已，避免被临近的王国突然起事吞灭。

相反地，刘安是仁义政治的施行者。刘安对待百姓的政策是很不错的，《史记》说“行阴德拊循百姓”；宾客劝他举兵起事时，他说“且吾高祖孙，亲行仁义，陛下遇我厚，吾能忍之”，顾念叔侄之情，不愿给汉武帝带来麻烦；刘安抱怨汉武帝要削除他的封地说“吾行仁义见削，甚耻之”，委屈之情溢于言表。这样一个实行仁义政治的宗室贤王，最终被打上了谋反的烙印，并落得自刎而死的下场，反映了政治的虚伪和残酷。

淮南王刘安谋反案的实质是朝廷与诸侯国的矛盾。对于分封制的弊端，西汉中央的有识之士早已看得清清楚楚。在汉文帝的时候，贾谊撰《陈政事疏》说“进言者皆曰天下已安已治矣，臣独以为未也。……夫抱火厝之积薪之下，而寝其上，火未及燃，因谓之安。方今之势，何以异此！……然而天下少安，何也？大国之王幼弱未壮，汉之所置傅相方握其事。数年之后，诸侯之王大抵皆冠，血气方刚，汉之傅相称病而赐罢，彼自丞尉以上遍置私人，……此时而欲为治安，虽尧舜不治”，指出了诸侯王长大后中央难以控制的忧虑，因而提出“众建诸侯而少其力，力少则易使以义，国小则亡邪心”，建议多封诸侯从而削弱每个诸侯的实力，实力弱小就不会萌发叛乱之心，具体方法是“割地定制，令齐、赵、楚各为若干国”，显然是针对齐、赵、楚等大国，结果是“地制一定，宗室子孙莫虑不王，下无倍畔之心，上无诛伐之志，故天下咸知陛下之仁”，通过分散土地削弱实力从而达到上下和谐的局面。晁错也在对策中提到“宜削诸侯事”，于是汉文帝“立齐悼惠王子六人、淮南厉王子三人皆为王”，应该说淮南国的分而为三，说明中央未尝放松对淮南国的警惕，以推广皇恩的名义削弱了淮南国的实力，那么刘安必然处在监视之下，想进行武装叛变是非常困难的。

汉景帝时，晁错推行削夺王国封地的削藩政策，指出“今削之亦反，不削之亦反。削之，其反亟，祸小；不削，反迟，祸大”，有识之士已经意识到诸侯坐大的危害，认为诸侯反叛已是趋势，迟削不如早削。汉景帝听从晁错的建议，开始削夺诸侯封地，景帝三年（公元前154年），吴楚七国因不满削藩而起兵，提出“请诛晁错，以清君侧”的口号，景帝听从袁盎的计策，希望以牺牲晁错换取各国的退兵，可惜一代才子就这样成为政治的牺牲品。然而晁错之死并没有争取到和平，七国见朝廷无能，更加肆无忌惮，吴王刘濞甚至自称东帝分庭抗礼，性质已经是犯上作乱了。景帝终于下定决心出兵镇压，在梁国的坚强抵御和周亚夫的率领下，大破吴楚联军，平定七国之乱。经此一事，中央集权走向巩固，诸侯王的势力也大大地被削弱，除楚国保存、另立新王外，参与战乱的六国皆被废除，其他王国相继被分割为多个小国。诸侯王的统治权也被剥夺，“令诸侯王不得复治国，天子为置吏，改丞相为相，省御史大夫、廷尉、少府、宗正、博士官、大夫、谒者、郎诸官长丞皆损其员”，诸侯国的官员由中央任命，诸侯王丧失了独立性，等同于郡县。

汉武帝元朔二年（公元前127年），主父偃建议说：

古者诸侯不过百里，强弱之形易制。今诸侯或连城数十，地方千里，缓则骄奢易为淫乱，急则阻其强而合从以逆京师。今以法割削之，则逆节萌起，前日晁错是也。今诸侯子弟或十数，而适嗣代立，余虽骨肉，无尺寸地封，则仁孝之道不宣。愿陛下令诸侯得推恩分子弟，以地侯之。彼人人喜得所愿，上以德施，实分其国，不削而稍弱矣。

这就是著名的“推恩令”，诸侯子弟都希望能封侯封王，朝廷索性送个顺水人情，根本目的是削弱诸侯国的实力。因此，汉武帝诏称“诸侯王请与子弟邑者，朕将亲览，使有列位焉”，如此“藩国始分，而子弟毕侯焉”，汉武帝亲自批准诸侯王分割土地给儿子的请求。与此同时，汉武帝加强了犯法而夺爵的惩处，以酎金成色为借口，解除诸侯王封爵106人；通过“左官之律”“附益之法”限制诸侯王豢养宾客，掐断了人才的来源；通过盐铁官营、禁止郡国铸钱等措施，把山海之利收归中央，剥夺了诸侯王的财权。汉武帝的举措，目的是使诸侯王“惟得衣食租税，不与政事”，希望诸侯王做个富贵闲人、不要无事生非了。从此，汉初诸侯国的“一胫之大几如要，一指之大几如股”“连城数十、地方千里”的情况不复存在了。

四川出土汉代制盐画像砖
（程征：《纪功的丰碑——西汉霍去病墓及其石刻》，《中国美术》，1981年第1期）

在这样的大背景下，淮南王刘安不知韬光养晦、外示无为，却亲行仁义、爱好读书、风雅自命、啸聚人才、铸成名著，文治的彰显抢了朝廷的风头，自然就成为汉武帝的心腹之患了。

徐复观《两汉思想史》说两汉继承了先秦的游士之风，“诸侯王中若有好学自修之人，则其所集者多在学术上有某种成就之士；于是宾客之所集，常成为某种学术的活动中心，亦为名誉流布之聚中点。这对知识分子及学术的发展而言，常可以发生很大的鼓励作用。但却触犯了专制者的大忌。景帝时代，朝廷猜防的重点在诸侯王的领土和职权。至武帝……猜防的重点特转向到诸侯王的宾客上面，尤其是转向到有学术意义的宾客上面”，淮南王及其宾客志在学术研究上压倒了中央，俨然是西汉一大中心，并且“以其研究充实汉家鸿业的内容”，成了朝廷的心腹大患，武帝表面上尊重叔父，内怀忌毒，左右承旨诬陷，构成其罪，因此“《史记》《汉书》两传

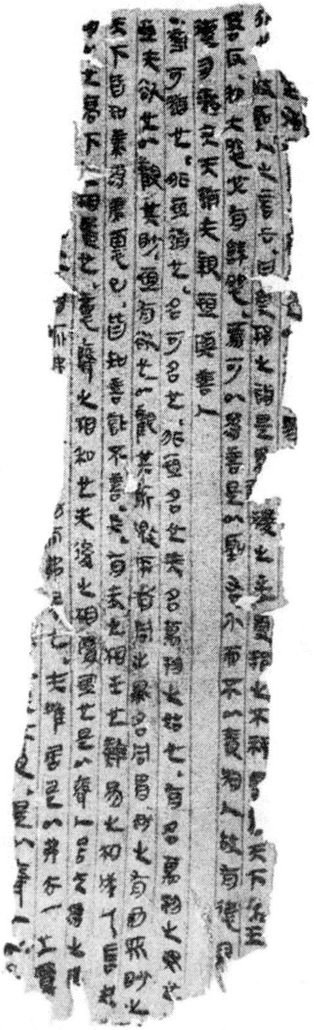

长沙马王堆汉墓出土战国纵横家书

中，充满了当时诬构的‘官文书’”，“淮南门客伍被的供词，陈述刘安想谋反的经过，把刘安写成了一个童呆愚稚之辈，其出自严刑逼供，再加以缘饰的情形，甚为昭著”。汉武帝忌惮淮南子的重要方面即是淮南宾客的学术活动，通过对淮南王集团的打击，“不仅摧毁了此一学术中心，并且也阻吓消灭了知识分子在思想上、在生活上一切带有一点选择自由的可能性”，是在儒家思想统治高涨的背景下，收回文化权力、实行文化专制的必然举措。

同时，淮南王的仇敌也在其中起到了很大的作用，当年刘长椎杀了审食其，此举得罪了审氏后人，必然被他们伺机报复。史书说“是时故辟阳侯孙审卿善丞相公孙弘，怨淮南厉王杀其大父，乃深购淮南事于弘，弘乃疑淮南有畔逆计谋，深穷治其狱”，审氏后人与丞相公孙弘关系不错，于是公报私仇，不免落井下石添油加醋，铸成冤狱。

我们顺便看看淮南王的弟弟衡山王的谋反案，史书的记载与淮南王案极为相似。《史记》说“衡山王淮南王兄弟相责望礼节，间不相能。衡山王闻淮南王作为畔逆反具，亦心结宾客以应之，恐为所并”，刘安与刘赐兄弟之间的关系并不和睦，刘赐听说刘安在准备谋反时，也开始准备武器，防止被长兄兼并，当然这些武备后来也被视为谋反的证据；“元光六年，衡山王入朝，其谒者卫庆有方术，欲上书事天子，王怒，故劾庆死罪，强榜服之。衡山内史以为非是，却其狱。王使人上书告内史，内史治，言王不直。王又数侵夺人田，坏人冢以为田。有司请逮治衡山王。天子不许，为置吏二百石以上。衡山王以此恚，与奚慈、张广昌谋，求能为兵法候星气者，日夜从容王密谋反事”，刘赐也是方术的爱好者，手下的术士卫庆想攀高枝改投汉武帝，刘赐大怒，通过严刑拷打使其认罪，内史先是不肯，继而应武帝命审理案件，判决刘赐败诉，刘赐又因夺人田地、坏人坟墓被有司治罪，汉武帝不同意，但收回了任官权，刘赐很是不满，因此加紧了谋反的准备；“元朔五年秋，衡山王当朝六年，过淮南，淮南王乃昆弟语，除前隙，约束反具”，次年衡山王与淮南王见面，冰释前嫌，彼此进行谋反的准备，互相是知情的，这个记载应该是被白嬴揭发的串联谋反的证据。由于刘赐家庭的矛盾，刘赐上书要求废太子刘爽，立刘孝为太子，于是刘爽谴白嬴去长安说刘孝的过错，刘赐担心他揭露谋反之事，先加罪刘爽，刘孝因事自首，于是“王闻，即自刭杀。孝先自告反，除其罪；坐与王御婢奸，弃市。王后徐来亦坐蛊杀前王后乘舒，及太子爽坐告王不孝，皆弃市。诸与衡山王谋反者皆族。国除为衡山郡”，出现了满盘皆输的局面。衡山王之死与淮南王相似，都出于宾客的背叛和家庭的变故，未必有谋反的真凭实据，至于那些武备，无事时可以说防备强盗，有事时也可以说谋反使用，原本就是工具，任凭治狱官尽情发挥了。淮南王和衡山王属于同父兄弟，汉武帝对他们谋反案的发现和处理，终结了淮南厉王刘长一系盘踞东南七十余年的势力。

总之，汉代建朝以来，中央朝廷和诸侯王之间互相猜忌，各自防范，彼此心知肚明。如果说建朝初刘邦处理了异姓诸侯王，是出于稳固刘姓政权的需要，那么吴楚七国之乱，就属于统治集团内部的倾轧。在这个教训面前，朝廷加强了对诸侯王的防备，制定了一系列削弱的举措，诸侯王反要被诛，不反也要被诛。诸侯王养士备兵，表面上是防止邻国侵扰、以备异常，实际上枕戈待旦、以示强大，使得朝廷不敢轻举妄动。然而历史趋势不可逆转，诸侯王不过是在战战兢兢中苟延残喘而已，一旦露出把柄，使朝廷有机可乘，等待他们的必然是覆国亡身。

## 7.疑点的忽略和谋反的增饰

刘安谋反的史实，最重要的依据是《史记·淮南衡山列传》，《汉书·淮南王传》的记载也比较详细，但与《史记·淮南衡山列传》对比后发现班固基本是因袭司马迁。当然《汉书》在汉武帝之前的部分，以《史记》为写作基础，这是史书编撰的通例；而《汉书》秉持正统的儒家观念，文辞典雅精赡，在魏晋南北朝时期远较《史记》流行。因此说班固的因袭进一步坐实了刘安的罪名，毕竟同是汉家天下，班固没有为刘安翻案的动机和愿望。但对比《史记》和《汉书》的淮南王传记，我们仍能发现一些蛛丝马迹，重新思考刘安谋反的真相。

《史记·淮南衡山列传》说“王日夜与伍被、左吴等案舆地图，部署兵所从入”，《汉书·淮南王传》说“日夜与左吴等按舆地图，部署兵所从入”，则伍被之名已被移除。其后《史记》中一段伍被参与谋议劝淮南王勿反的记录也被《汉书》一概删削，另一则谏书置于《汉书·伍被传》，实际上作为淮南王谋反案的主要供词方伍被的作用被削弱。伍被是刘安谋反的参与者和证人，对他的弱化实际上抽掉了刘安案的根基，后来的史学家没有追究这个细节，但这是值得仔细考量的细节。葛洪《神仙传》说“雷被诬告安谋反，人告公曰：‘安可以去矣。’乃与登仙，即日升天”，葛洪误将伍被当作雷被，作为道教人物，赞赏刘安引接道术之士，因此很是同情刘安的遭遇，称他不是被诛杀，而是放弃世间纷争，升天成仙了。

西安理工大学曲江校区汉墓壁画中的羽人
（西安市文物保护考古所：《西安理工大学西汉壁画墓发掘简报》，《文物》，2006年第5期）

东汉开始，学者逐渐将刘安谋反与神仙黄白之术联系起来。最早反映这种关系的是王充的《论衡》，其中《道虚》说：

案淮南王刘安，孝武皇帝之时也。父长以罪迁蜀严道，至雍道死。安嗣为王，恨父徙死，怀反逆之心，招会术人，欲为大事。伍被之属，充满殿堂，作道术之书，发奇怪之文，合景乱首，《八公之传》，欲示神奇，若得道之状。道终不成，效验不立，乃与伍被谋为反事，事觉自杀。或言诛死。诛死自杀，同一实也。世见其书，深冥奇怪；又观《八公之传》，似若有效，则传称淮南王仙而升天，失其实也。



《论衡·书解》引"儒者言"称"淮南王作道书，祸至灭族"。王充说刘安招揽术士，作道术之书，目的是以奇术在叛乱中取胜，这是新的说法。究其原因，王充为了强调道术导致祸害，强行将刘安迷信道术和叛乱灭族联系起来，从而形成了因果关系。东汉末年的应劭在《风俗通义》中也进一步证成此说，《正失》载"俗说：淮南王安，招致宾客方术之士数千人，作《鸿宝》《苑秘》、枕中之书，铸成黄白，白日飞天"。这俗说已不符合史书记载，刘安善于养士，所招致的虽有"方伎怪迂之人"，但主要是"天下俊杰之士"，这里却突出方术之士，显然有故意偷换概念的嫌疑。应劭补充道：

《汉书》："淮南王安，天资辨博，善为文辞，孝武以诸父属，甚尊之。招募方伎怪迂之人，述神仙黄白之事，财殚力屈，无能成获，乃谋叛逆，刻皇帝玺，丞相、将军、大夫已下印，汉使符节、法冠。赵王彭祖、列侯让等议曰：'安废法，行邪僻，诈伪心，以乱天下，荧惑百姓，背叛宗庙。《春秋》无将，将而必诛。安罪重于将，反形已定，图书印及他逆无道事验明白。'丞相弘、廷尉汤以闻。上使宗正以符节治王，安自杀，太子诸所与谋皆诛，夷国除为九江郡。亲伏白刃，与众弃之，安在其能神仙乎？安所养士，或颇漏亡，耻其如此，因饰诈说，后人吠声，遂传形耳。"

应劭认为刘安沉湎于修道和炼丹之事，导致财尽力穷，故而谋为反逆，将谋反的动机归于经济的拮据，却是前此没有提过的，属于应劭的创造，反映了谋反传闻不断增饰的痕迹。

扬州广陵王墓漆画中的云气异兽

刘安的谋反还与江淮的风俗相关，这个观点最早由班固提出，他说“其群臣宾客，江淮间多轻薄，以厉王迁死感激安”，突出了江淮地域风气对群臣谋反的作用。东晋伏滔（公元317？-396年）善于发现地域、风俗对人物的影响，他与习凿齿《论青楚人物》备列青州才德之士，其在《正淮论》中第一次从地域、风俗的角度讨论了刘安的谋反情况。

伏滔认为包括刘安在内的淮南诸王多有谋反野心，与此地地理、风俗有关。《正淮论》上篇首先回顾历史说：“淮南者，三代扬州之分也。当春秋时，吴、楚、陈、蔡之舆地，战国之末，楚全有之，而考烈王都焉。秦并天下，建立郡县，是为九江。刘项之际，号曰东楚。爰自战国至于晋之中兴，六百有余年，保淮南者九姓，称兵者十一人，皆亡不旋踵，祸溢于世，而终莫戒焉。其天时欤？地势欤？人事欤？何丧乱之若是也！试商较而论之。”六百多年，九姓为主，十一人谋叛，从而引出淮地的地理情况：“夫悬象著明，而休徵表于列宿；山河衿带，而地险彰于丘陵；治乱推移，而兴亡见于人事。由此而观，则兼也必矣。昔妖星出于东南而弱楚以亡，飞孛横于天汉而刘安诛绝，近则火星晨见而王凌首谋，长彗宵映而毋丘袭乱。斯则表乎天时也。彼寿阳者，南引荆汝之利，东连三吴之富；北接梁宋，平涂不过七日；西援陈许，水陆不出千里；外有江湖之阻，内保淮肥之固。龙泉之陂，良畴万顷，舒六之贡，利尽蛮越，金石皮革之具萃焉，苞木箭竹之族生焉，山湖薮泽之隈，水旱之所不害，土产草滋之实，荒年之所取给。此则系乎地利者也。其俗尚气力而多勇悍，其人习战争而贵诈伪，豪右并兼之门，十室而七；藏甲挟剑之家，比屋而发。然而仁义之化不渐，刑法之令不及，所以屡多亡国也。”按照伏滔的说法，淮地有交通之便利，物产富饶，而风俗尚力，人多彪悍，崇尚诈伪，习于战争，因此仁义不行，刑法无用，人思为乱，故多亡国。

伏滔评价两任淮南王刘长和刘安父子道“刘长支庶，奄王大国，承丧乱之余，御新化之俗，无德而宠，欲极祸发。王安内怀先父之憾，外眩奸臣之说，招引宾客，沉溺数术，藉二世之资，恃戈甲之盛，屈强江淮之上，西向而图宗国，言未绝口，身嗣俱灭”，认为淮南王刘长的疆域和宠幸不是出于功劳和德行，来源既不正，失去也迅速，而刘安既不满父亲的命运、又被奸臣术士所蛊惑，妄图凭借经济实力和军队强盛来谋求做皇帝，导致了亡国覆家的结局；又说“二王遘逆，宠之之过也”，认为刘长、刘安的谋反，在于文、景、武帝宠之太过，因此总结道“本其所因，考其成迹，皆宠盛祸淫，福过灾生，而制之不渐，积之有由也”，认为宠幸并非好事，积微成著便成了灾祸的来源。

伏滔是晋人，身处革代之后，评价会更加客观，对于刘长和刘安的谋反，他说“长、安之谋，虽兵未交于山东，祸未遍于天下，而驰说之士与阖境之人，幽囚诛放者，亦已众矣”，认为虽然没有具体的行动，但是他们得罪的人也多，伏滔虽然没有进一步说明，但也隐含着谋反是被人诬陷的意味。

但伏滔过于强调地域的民风影响，却没有注意到刘安的仁义政策及对百姓的爱护，地理决定论的视野虽然新颖，但也失之简单粗暴。

## 8.刘安成仙与“鸡犬升天”

“鸡犬升天”的说法至迟在东汉时已经流行，东汉初期江南的王充在他的名著《论衡》中说：“儒书言：淮南王学道，招会天下有道之人，倾一国之尊，下道术之士。是以道术之士，并会淮南，奇方异术，莫不争出。王遂得道，举家升天，畜产皆仙，犬吠于天上，鸡鸣于云中。此言仙药有余，犬鸡食之，并随王而升天也。好道学仙之人，皆谓之然。”这个“儒书言”说明淮南王成仙的故事已经被不语怪力乱神的儒家学者一本正经地采入书籍，东汉光武帝因为谶纬的帮助登上了皇帝宝座，登基后特别下令颁布图谶于天下，又要求纬书成为儒生必修“功课”，谶纬成为国家学术的主体，我们推测这个故事很可能出自两汉之交。也有一种观点认为它来自刘向的《列仙传》，目前缺乏可靠的依据，但在西汉末年，时间上有一定的合理性。

连环画《鸡犬升天》书影

战国时代，方术思想已经在诸侯国流行。庄子说“天下之治方术者多矣，皆以其有为不可加矣”，反映了当时方术繁荣的局面。方术，按照班固

《汉书》的分类，包括数术和方伎，数术就是天文、历法、算术、地理、五行、占卜等技巧类的东西，方伎主要是医药的救人之术、房中的养生之术和炼丹的神仙之术。一般认为方术中的炼丹派起源于燕齐之地，相当于今河北东部和山东北部地区，因为这两地滨海，海里的世界当时还不能被人们所掌握。大海茫茫，当时的人类旅行还不足以到达彼岸，而海里出现了鲸那样的巨鱼，给中原地区带来的震撼是可以想见的，这也丰富和强化了他们对海洋世界的神秘想象。

秦汉帝王对方术深信不疑，凭他们的智慧不难辨别真假是非，但一旦受到长生不死的蛊惑，那就宁可信其有不可信其无。秦始皇宠用方术之士，曾派方士齐人徐福带五百童男童女，从现在的秦皇岛下海，到东海蓬莱岛上求取长生不老之药，最终秦始皇没有等到他希望的不死之药，徐福等人也杳无踪迹，传说他们经过今天的济州岛到了日本。这样耗费巨资的投入，最终没有任何收获，秦始皇对方士的不满与日俱增，因为他们享受着超常的礼遇和丰厚的俸禄，却迟迟没有相应的功绩。秦始皇积怨既久，一旦受到刺激，便难以抑制心中的怒火，他说“悉召文学方术士甚众，欲以兴太平，方士欲练以求奇药。今闻韩众去不报，徐市等费以巨万计，终不得药，徒奸利相告日闻。卢生等吾尊赐之甚厚，今乃诽谤我，以重吾不德也”，徐市就是徐福，韩众是韩人、卢生是燕人，俱是方术之士，他们耗费甚多，却一直没有拿到传说中的奇药，卢生还鼓动儒生非议朝政，越发引起了秦始皇的不满。著名的“坑儒”事件，其肇端正在于此。

秦皇岛秦始皇碣石宫遗址附近海中的人工堆石
（辽宁省文物考古研究所：《姜女石—秦行宫遗址发掘报告》，文物出版社，2010年）

汉武帝是一代雄才大略的君主，驱逐匈奴，开疆拓土，取得了震撼千古的功业。汉朝也在他的治理下达到鼎盛期。但是这样一位功勋卓著的皇帝，对炼丹求仙的事情也乐此不疲。齐人李少君说：“祭祀灶神可以致物，致物则丹砂可以化为黄金，黄金做成饮食用的杯碗则可以延年益寿。延年益寿则可以见到海中蓬莱岛上的神仙，见到神仙后举行封禅典礼就可以长生不死，黄帝就是这样做的。我曾经神游海上，见到安期生所吃巨枣的个头大如甜瓜。安期生是神仙，通行蓬莱仙岛之间。探访者与他相合就出现，不合就隐居。”汉武帝于是遵照执行，即使李少君病死，仍然痴迷不改。齐人李少君通过鬼神方术取信于汉武帝，鼓动武帝建甘泉宫、筑高台，以方便与神仙接触，但久久不见灵验，只好私造牛腹奇书，事情泄露被人揭发，遭武帝诛杀。诸如此类的迷信事件，今天看来荒唐可笑，但汉武帝笃信不疑，执行起来也毫不含糊，这其实与汉代的社会思潮和心理状态有关。

刘安是汉武帝的叔叔，因涉嫌谋反罪而自杀，时在公元前122年，武帝之死又在其后35年。汉武帝日后炼丹求仙的举动，刘安显然不能预知，但刘安本人与方术关系密切，而且死后还赢得了得道成仙的名声，这是秦皇汉武所梦寐以求的。至于刘安得道成仙的传说，是什么时候开始流传的，今已很难确知，但至迟在东汉前期已经出现，很可能是武帝时期方士们为了渔猎厚爵、取媚皇帝而编造的，那么武帝很可能受到叔叔死后哀荣的启发。

刘安神仙形象的建立与刘安喜好交往方术之士且创作方术著作有关。《汉书》本传载“招致宾客方术之士数千人，作为《内书》二十一篇，《外书》甚众，又有《中篇》八卷，言神仙黄白之术，亦二十余万言”，《汉书·刘向传》载“上复兴神仙方术之事，而淮南有《枕中鸿宝苑秘书》”，刘向《列仙传》载“汉淮南王刘安，言神仙黄白之事，名为《鸿宝万毕》三卷，论变化之道”。一般认为《外书》和《中篇》即出自方士之手，比如见于著录的《枕中鸿宝苑秘书》等即属此类。《中篇》主要讲神仙术、延命方，事实上《内篇》的“养生”“全性”与之相似，如《精神训》说“轻天下，则神无累矣；细万物，则心不惑矣；齐死生，则志不慑矣；同变化，则明不眩矣”“人大怒破阴，大喜坠阳，大忧内崩，大怖生狂”，又如《诠言训》说“凡治身养性，节寝处，适饮食，和喜怒，便动静，使在己者得”，这些观点与方术思想息息相关。

汉武帝的神仙思想很可能受到了刘安的影响。刘安崇尚黄老思想。黄老思想在汉初颇为时髦，汉文帝、汉景帝和窦太后都是黄老思想的信徒，这些思想却并不为早年的汉武帝所重视。年轻时的汉武帝励精图治，南征北战，战功显赫，但也导致民生凋弊，晚年才回归黄老思想，提出“当今务在禁苛暴，止擅赋，力本农，修马复令，以补缺，毋乏武备而已”，并封丞相车千秋为富民侯，“以明休息，思富养民也”。有学者指出：“汉武帝晚年改过，宣布停止对周边用兵，‘方今之务，在于力农’，是受《淮南子》安民的治国方案的影响。”汉武帝重视刘安的黄老思想是千真万确，但神仙思想则多虚诞不经。这很可能因《淮南子》中篇而旁涉。史书说《淮南子》中篇八卷“言黄老神仙之术”，即是说《淮南子》内、外、中三篇之中，中篇主要讲得道神仙之术。《汉武帝内传》据此将汉武帝受刘安的影响进行发挥：“淮南王好学才艺，集天下道书，招方士，皆策神气，能云雨。百姓传云：王能致仙人，与游处，变化无常，或童子，或老人。王又能隐形飞行，服气不食。帝闻而嘉其事，欲受其道，王不肯传，云无其事。帝怒，将诛淮南王。王知之，出令与旱臣，因去，不知所之。国人皆云神仙，或有见王者。帝恐动人情，乃令斩王家人首以安百姓，名为淮南王。收其方书，亦颇得黄白之事，然非其要法，试之多不验。帝既感淮南之道，乃征四方有术之士，自燕齐而出者数千人矣。”《汉武帝内传》说淮南王与仙人关系密切，精于仙术，汉武帝很欣赏，想去学习，淮南王不肯相授。《汉武帝内传》是魏晋时期的著作，是根据刘安的成仙事迹引申而来，并不是当时的实情，反映了魏晋时期人们对刘安、汉武帝求仙事迹的想象。总之，汉武帝即位之初已经看到《淮南子》，但这位年轻气盛、雄才大略的君主更加推崇儒家思想，对阐发黄老无为思想的《淮南子》不感兴趣，晚年痛定思痛，安民治国，且注重休养生息。《淮南子》正好提供了黄老无为而治思想的宝库，至于神仙思想的崇尚，更是从刘安发展而来的。

《汉武帝内传》成书于魏晋时期，提到的刘安神仙形象不是最早的来源。最早的“淮南王成仙说”应该来自两汉之交刘歆的《西京杂记》。《西京杂记》六卷，史书目录都著录为东晋葛洪编纂。《隋书·经籍志》记载《西京杂记》两卷，不署撰者姓名，但《旧唐书·经籍志》记载“《西京杂记》一卷，葛洪撰”，《新唐书·艺文志》记载“葛洪《西京杂记》二卷”，《日本国见在书目录》记载“《西京杂记》二卷，葛洪撰”，因此一般认为此书是葛洪所编，但刘跃进《梁孝王集团的文学想象》力证其非。依据是《三辅黄图》的《汉宫》和《未央宫》均引录《西京杂记》，而《三辅黄图》又为曹魏如淳、晋代晋灼所引用，则成书最晚不过曹魏，因此《西京杂记》不可能成书于曹魏之后。西晋潘岳也引用《西京杂记》故事，早于葛洪，此书也不可能是葛洪所撰。

实际上葛洪只是辑抄者，而非真正的作者，这在书中有明显的证据。《西京杂记》六卷本有跋文说：“洪家世有刘子骏《汉书》一百卷，无首尾题目，但以甲乙丙丁纪其卷数，先父传之。歆欲撰《汉书》编录汉事，未得缔构而亡，故书无宗本，止杂记而已，失前后之次，无事类之辨。后好事者以意次第之，始甲终癸，为十帙，帙十卷，合为百卷。洪家具有其书，试以此记考校班固所作，殆是全取刘氏，小有异同耳。并固所不取，不过二万许言。今钞出为二卷，名曰《西京杂记》，以裨《汉书》之阙。”这本来是个很确凿的资料，但《隋志》不著《西京杂记》撰写者，可能是当时没有这跋文，因此其书来历颇为不明。但检全书，多处出现“余”“家君”的提法，如卷二“成帝好蹴鞠”条有“家君作弹棋以献，帝大悦”，此条亦见傅玄《弹棋赋序》，称刘向代蹴鞠作弹棋，则坐实家君为刘向，卷三“郭威”条有“余尝以问扬子云”，卷六“昆明池”条有“余少时犹忆见之”，因此说《西京杂记》本是以刘歆为记录者的形式编纂起来的。清人卢文弨《新雕西京杂记缘起》认为《西京杂记》就像刘向的《说苑》《新序》，皆记载刘向之前的故事，因为刘向的编校，后人就署名为刘向所作。但是其内容，无疑应当是汉人所记，葛洪之说不无道理。姚振宗《隋书经籍志考证》、张心澂《伪书通考》等也都认为应当是刘歆所著。鲁迅《中国小说史略》赞赏说“若论文学，则此在古小说中固亦意绪秀异，文笔可观”，指出了《西京杂记》的小说史意义。

《西京杂记》中提及《淮南子》和刘安的材料共两则，均在卷三。一则说：“淮南王安著《鸿烈》二十一篇。鸿，大也。烈，明也。言大明礼教。号为淮南子，一曰刘安子。自云‘字中皆挟风霜’，扬子云以为一出一入。”一则说：“又说：淮南王好方士。方士皆以术见。遂有画地成江河，撮土为山岩，嘘吸为寒暑，喷嗽为雨雾。王亦卒与诸方士俱去。”这两则材料意义重大。第一则指出《西京杂记》是西汉时代的书，进一步确认了刘安是《鸿烈》的著作权人，而且确定了当时所见的篇目是二十一篇，并训释了“鸿烈”的意思。第二则将刘安仙人化，成为魏晋南北朝“神仙传”一类书的最早依据。

到了王充的时代，刘安成仙说已经非常风靡。《论衡·道虚篇》载：“儒书言：淮南王学道，招会天下有道之人，倾一国之尊，下道术之士。是以道术之士，并会淮南，奇方异术，莫不争出。王遂得道，举家升天，畜产皆仙，犬吠于天上，鸡鸣于云中。此言仙药有余，犬鸡食之，并随王而升天也。好道学仙之人，皆谓之然。此虚言也。”这里强调了刘安学道的经历，并且第一次提及了“一人得道，鸡犬升仙”的传说。当然，《论衡》以“疾虚妄”为主旨，王充批判淮南王成仙说，认为：“升天之人，宜从昆仑上。淮南之国，在地东南，如审升天，宜举家先徙昆仑，乃得其阶；如鼓翼邪飞，趋西北之隅，是则淮南王有羽翼也。今不言其徙之昆仑，亦不言其身生羽翼，空言升天，竟虚非实也。”王充批驳成仙说的依据，一是淮南国在东南，而昆仑在西北，地理位置不妥当，二是升仙飞天必须有翅膀。王充以人间事来揣度神仙世界，拘泥过甚，不得要领，但也揭示了当时成仙说的风靡状态。

汉末的应劭在《风俗通义·正失》的“淮南王安神仙”条也谈到淮南王刘安成仙的事迹：“俗说：淮南王安，招致宾客方术之士数千人，作《鸿宝》《苑秘》《枕中》之书，铸成黄白，白日升天。谨按：《汉书》：‘淮南王安，天资辨博，善为文辞，孝武以属诸父，甚尊之。招募方伎怪迂之人，述神仙黄白之事，财殚力屈，无能成获，乃谋叛逆，刻皇帝玺，丞相、将军、大夫已下印，汉使符节、法冠。赵王彭祖、列侯让等议曰：“安废法，行邪僻，诈伪心，以乱天下，荧惑百姓，背叛宗庙。《春秋》无将，将而必诛。安罪重于将，反形已定，图书印及他逆无道事验明白。”丞相弘、廷尉汤以闻。上使宗正以符节治王、安自杀，太子诸所与谋皆诛，夷国除为九江郡。’亲伏白刃，与众弃之，安在其能神仙乎？安所养士，或颇漏亡，耻其如此，因饰诈说，后人吠声，遂传行耳。”所谓“俗说”，说明刘安成仙说在当时已经传播。“白日飞天”就是指刘安的成仙事迹。应劭分析了这一传说来源的根据，认为刘安的宾客为了遮蔽谋反的丑事，故意放出骗人的成仙说，同时代的《史记》尽管已有明确的记载，但《史记》命运坎坷，当时尚未流行，很少有人看到。

魏晋时期，关于淮南王刘安“得道轻举”的传闻已经蔚然成风。曹植《辩道论》说：“夫神仙之书，道家之言，乃云傅说上为辰尾宿，岁星降为东方朔，淮南王安诛于淮南而谓之获道轻举，钩弋死于云阳而谓之尸逝柩空，其为虚妄甚矣！”曹植的意思是刘安被诛杀后才升仙，否定了应劭“亲伏白刃，与众弃之，安在其能神仙乎？”的质疑。西晋的张华在《博物志》卷二写道：“汉淮南王谋反被诛，亦云得道轻举。”这就比较审慎了，保存了两种不同的说法。那么明明史书记载淮南王谋反被诛，为什么会出现这样的附会呢？《博物志》又说：“王仲统云：甘始、左元放、东郭延年，行容成御妇人法，并为丞相所录，间行其术，亦得其验。降龙道士刘景受云母九子九方，年三百岁，莫知所在，武帝恒御此药，亦云有验，刘德治淮南王狱，得《枕中鸿宝秘书》，及其子向，咸共奇之。”成仙的秘诀集中在刘安所著的《淮南子》的中篇和外篇部分。刘安的神仙形象，应该与《淮南子·中篇》的性质有关。东晋葛洪《抱朴子内篇》载："作金皆在神仙集中，淮南王抄出，以作《鸿宝枕中书》，虽有其文，然皆秘其要文，必须口诀，临文指解，然后可为耳。"所强调的正是《淮南子》的中篇，需要当事人的记忆和指点方能有效。隋代和尚释彦琮《通极论》说："至于东方朔之升天，淮南王之入箓，然乘鸾排雾，世有其人，欲不长于神仙，犹密之而弗载。"则说淮南王是道教的神仙了。总之，到了南北朝时期，淮南王刘安的神仙形象已经深入人心。

## 9.“八公”与刘安的仙界遭遇

淮南王成仙的说法，到了东晋葛洪的时代，已经不再是单纯的民间信仰，获得了新的发展，带有道教化的倾向。《太平广记》卷八《刘安》先根据史书总结了刘安的基本情况，接着说刘安厚礼招致天下方士，于是八公登门拜访：

> 于是乃有八公诣门，皆须眉皓白。门吏皆密以白王，王使阍人，自以意难问之曰：“我王上欲求延年长生不老之道，中欲得博物精义入妙之大儒，下欲得勇敢武力扛鼎暴虎横行之壮士。今先生年已耆矣，似无驻衰之术，又无贲育之气，岂能究于三坟、五典、八索、九丘，钩深致远、穷理尽性乎？三者既乏，余不敢通。”八公笑曰：“吾闻王尊礼贤士，吐握不倦，苟有一介之善，莫不毕至。古人贵九九之好，养鸣吠之技，诚欲市马骨以致骐骥，师郭生以招群英。吾年虽鄙陋，不合所求，故远致其身，且欲一见王。虽使无益，亦岂有损？何以年老而逆见嫌耶？王必若见年少则谓之有道，皓首则谓之庸叟，恐非发石采玉、探渊索珠之谓也。薄吾老，今则少矣。”言未竟，八公皆变为童子，年可十四五，角髻青丝，色如桃花。门吏大惊，走以白王。王闻

之，足不履，跣而迎登思仙之台。张锦帐象床，烧百和之香，进金玉之几，执弟子之礼……

……八童子乃复为老人。告王曰：……吾一人能坐致风雨……一人能崩高山……一人能分形易貌……一人能乘云步虚……一人能入火不灼……一人能千变万化……一人能煎泥成金……浮于太清之上，在王所欲。

安乃日夕朝拜，供进酒脯，各试其向所言，千变万化，种种异术，无不有效，遂授《玉丹经》三十六卷……太子迁好剑，自以人莫及也，于时郎中雷被，召与之戏，而被误中迁。迁大怒，被怖……恐死，与伍被素为交亲，伍被曾以奸私得罪于安，安怒之未发。二人恐为安所诛，乃共诬告，称安谋反。天子使宗正持节治之，八公谓安曰："可以去矣，此乃天之发遣王，王若无此事，日复一日，未能去世也。"八公使安登山大祭，埋金地中，即白日升天。八公与安所踏山上石，皆陷成迹，至今人马迹犹存。

这里将八公的出现及与刘安交往的情况和刘安的成仙原因都介绍清楚了。现存葛洪《神仙传》卷六《淮南王》的记载与此颇有不同，比如说八公"容状衰老，枯槁伛偻"，因此守门人"拒之数四"，八公不得已"振衣整容，立成童幼之状"；又如刘安问八公姓氏，答有"文五常""武七德""枝百英""寿千龄""叶万椿""鸣九皋""修三田""岑一峰"；最后增加了武帝的懊悔及求方士和仙药不得，王母授以仙经，最后尸解成仙，带有浓厚的道教思想。

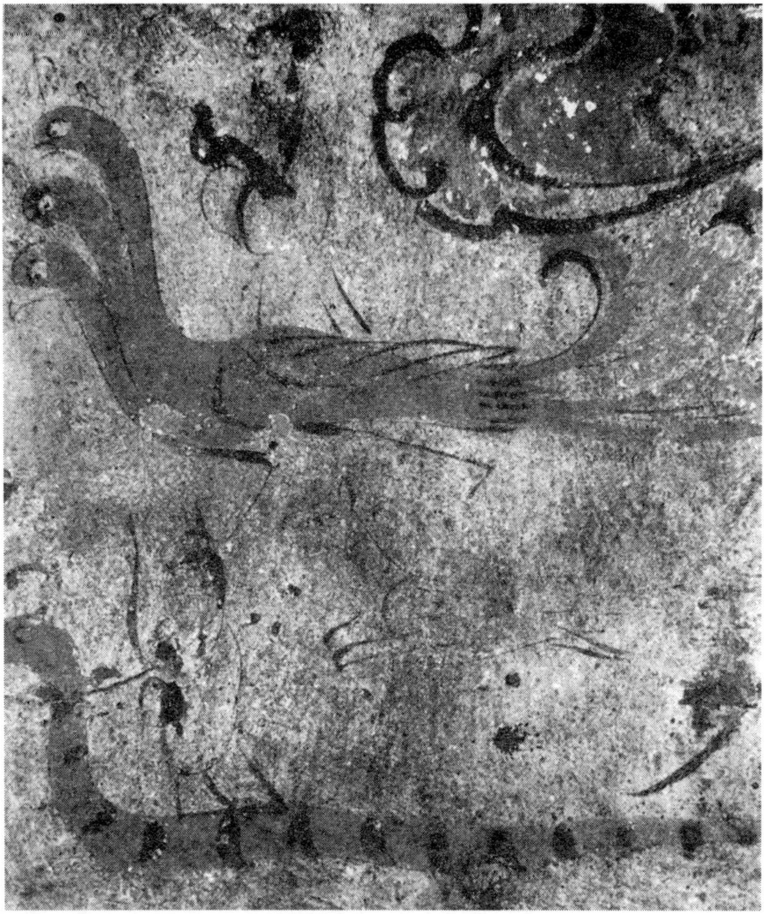

洛阳卜千秋墓壁画中的夫妇升仙图

葛洪《神仙传》的记载提供了以往史书和传说所没有的新材料。

首先是八公的名称和由来。八公的称呼，最早见于王充的《论衡》。《道虚篇》说“《八公之传》，欲示神奇”，王充并没有确切地指出八个人的名字。唐司马贞《史记索隐》引《淮南要略》说："养士数千，高才者八人：苏非、李尚、左吴、田由、雷被、伍被、毛被、晋昌，号曰八公。"高诱坐实为苏飞、李尚、左吴、田由、雷被、毛被、伍被、晋昌等八人，实际上是高诱将《史记·淮南衡山列传》出现过的人物强行牵合在一起。伍被是告发淮南王谋反的证人，却又与左吴等一起列入八公，其实《神仙传》也说八公与伍被无关。《神仙传》说雷被比剑误伤太子迁、与伍被合谋举报刘安的时候，时八公已是淮南王座上宾，遂建议刘安一起升仙："八公谓安曰：'可以去矣，此乃天之发遣王，王若无此事，日复一日，未能去世也。'八公使安登山大祭，埋金地中，即白日升天。八公与安所踏山上石，皆陷成迹，至今人马迹犹存。"葛洪一直强调刘安被人诬告中伤，突出刘安作为淮南王的无奈，又说刘安在八公劝导下升仙，突出了刘安的主动性，目的是为了说明修道成仙比人间王侯更有诱惑力。

其次是八公以神仙面貌的出现。葛洪《抱朴子》载："仙人八公，各服一物，以得陆仙，各数百年，乃合神丹金液，乃升太清。"那么八公已经成为神仙了。《神仙传》说："天下道书及方术之士，不远千里，卑辞重币请致之。于是乃有八公诣门，皆须眉皓白。"南朝刘宋的干宝在《搜神记》中亦说："淮南王安好道术，设厨宰以候宾客。正月上午，有八老公诣门求见。门吏白王，王使吏自以意难之曰：'吾王好长生，先生无驻衰之术，未敢以闻。'公知不见，乃更形为八童子，色如桃花，王便见之，盛礼设乐，以享八公。"那么这八公是听说了淮南王好道待客的名声，亲自到刘安府上求见的。彼时八公已是年迈之辈，因为门吏的怀疑，才化为八个童子。这与高诱所说的府上八名宾客，显然有很大差别。北朝郦道元的《水经注·肥水注》记载了寿春八公山上刘安的庙，“亦云：左吴与王春、傅生等寻安，同诣玄洲，还为著记，号曰《八公记》，都不列其鸡犬升空之事矣。”《八公记》对鸡犬升天的民间故事已经不以为然，反映了民间和方术两套不同的传说体系。

因为八公的出现，刘安得以成仙，到了仙界，刘安又因为行为的傲慢得罪了主事者，被罚去扫天厕。实际上，这是对刘安升仙后处境的污名化处理，反映了一定的社会意识。《左吴记》的记载最为详细，说刘安“鸡犬升天”之后，“遇诸仙伯，安少习尊贵，稀为卑下之礼，坐起不恭，语声高亮，或误称‘寡人’。于是仙伯主者奏安云：‘不敬，应斥遣去。’八公为之谢过，乃见赦，谪守都厕。三年后为散仙人，不得处职，但得不死而已。”《抱朴子》载“河东蒲坂有项曼都者，与一子入山学仙，十年而归家，家人问其故。曼曰：‘在山中三年精思，有仙人来迎我，共乘龙而升天。良久，低头视地，杳杳冥冥，上未有所至，而去地已绝远。龙行甚疾，头昂尾低，令人在其脊上，危怖崄巇。及到天上，先过紫府，金床玉几，晃晃昱昱，真贵处也。仙人但以流霞一杯与我，饮之辄不饥渴。忽然思家，到天帝前，谒拜失仪，见斥来还，令当更自修积，乃可得更复矣。昔淮南王刘安升天见上帝，而箕坐大言，自称寡人，遂见谪守天厨（当为‘厕’）三年，吾何人哉！’河东因号曼都为斥仙人。”根据方士项曼都的说法，刘安由于言谈举止盛气凌人，极不恭敬，得罪仙人，幸得八公救助才免被遣，被罚去谪守天厕，三年后不过是只能长生的散仙人，处境甚为不妙，这与汉代刘安的神仙形象大相径庭。东汉王充《论衡·道虚篇》也提到了项曼都学仙的事情，但没有提及淮南王刘安，到了东晋葛洪，刘安的事迹被拿出来与项曼都对比，显然属于后世意识的投射。魏晋以降产生的刘安成仙后的不幸命运的流行，很可能与刘安的谋反之事有关，统治者不希望有谋反劣迹的人死后在天界享受尊荣。汉代人对刘安的神仙形象还没有真正展开，魏晋以后有了八公的传说，引领刘安成仙，便编造了刘安天上的命运故事，而对刘安傲慢不倨形象的塑造，也是受谋反一事的影响。日本学者小南一郎发现左吴与项曼都应该是方士，他们说淮南王的故事，体现了方士的视野和要求，指出《神仙传》的仙人传记体现了道士或方士的立场，“正是为了显示自己的道术或方术的灵验，他们才宣扬那些据称曾授予其术的仙人的事迹并对其加以神秘化”。（《中国的神话传说与古小说》）

孟津出土东汉表现神仙世界的银壳画像镜

在南北朝的时候，已经有淮南王刘安的庙宇。郦道元《水经注》说“淮水”时提及：

山上有淮南王刘安庙。刘安是汉高帝之孙，厉王长子也。折节下士，笃好儒学，养方术之徒数十人，皆为俊异焉。多神仙秘法鸿宝之道。忽有八公，皆须眉皓素，诣门希见。门者曰：吾王好长生，今先生无住衰之术，未敢相闻。八公咸变成童，王甚敬之。八士并能炼金化丹，出入无间，乃与安登山，薶金于地，白日升天。余药在器，鸡犬舐之者，俱得上升。其所升之处。践石皆陷，人马迹存焉。故山即以八公为目，余登其上，人马之迹无闻矣，惟庙像存焉，庙中图安及八士像，皆坐床帐如平生，被服纤丽，咸羽扇裙帔幢枕物，一如常居。庙前有碑，齐永明十年所建也。山有隐室石井，即崔琰所谓余下寿春，登北岭淮南之道室，八公石井在焉。亦云：左吴与王春、傅生等寻安，同诣玄洲，还为著记，号曰《八公记》，都不列其鸡犬升空之事矣。按《汉书》，安反，伏诛，葛洪明其得道，事备《抱朴子》及《神仙传》。

郦道元将刘安的特长和与八公的交往以及鸡犬升天的事迹，进行了总结式的叙述，又述其亲自登临八公山参观刘安庙的所见所闻。郦道元的记载真实记录了南北朝时期民间对于刘安得道成仙的信仰。

## 10.淮南王艺术形象的典型化

魏晋南北朝时期，随着神仙学说的流行，文人们开始关注游仙题材，进一步推动刘安神仙形象的固定化，并且日渐经典化，成为后世诗文的典型意象。所有的游仙题材中，游仙诗这一类型最为突出。我们知道，游仙诗的发展，有着较长的历史。《楚辞》中的远游类辞赋，已开游仙文学的风气。战国时期，滨海的燕齐地区，神仙方术之士蜂起。秦统一六国，人才荟萃咸阳，神仙思想也传播到上层，秦始皇乐此不疲，多次派人求仙。汉代的人们普遍对神仙抱有幻想，这体现在铜镜等日常物件和画像石（砖）等死后世界的想象上。安期生、王子乔、赤孙子成为日常歌颂的对象，比如“仙人王子乔，难可与等期”（《古诗十九首》），乐府中也有《王子乔》等作品。曹操的《气出倡》也属游仙诗，曹丕、曹植开始了直接以《游仙诗》为题的创作，但以西晋郭璞的《游仙诗》最为著名。

天上既有神仙，那么地上的神仙又在哪里？秦皇汉武求仙失败，留给人们的困惑是难以排解的。从魏代开始，淮南王刘安成仙的传说已经广为人知。魏曹植《辩道论》和西晋张华《博物志》都说淮南王“得道轻举”，东晋葛洪《神仙传》设有刘安的专传，确立了刘安的神仙形象，到了南朝，刘安的神仙形象已经深入人心。刘安成仙的事迹也成了南朝诗人的吟咏对象。典型的诗句有鲍照《淮南王宫使曲》：“淮南王好长生，服食练气读仙经，琉璃作碗牙作盘，金鼎玉匕合神丹。”鲍照《代淮南王二首》其一：“淮南王，好长生，服食炼气读仙经，琉璃作碗牙作盘，金鼎玉匕合神丹，合神丹，戏紫房，紫房彩女弄明珰，鸾歌凤舞断君肠。”江淹《灯赋》：“淮南王，信自华，淫命彩女兮饵丹砂。饵丹砂，学凤音。紫霞没，白日沉。挂明灯，散玄阴。顾谓小山儒士，斯可赋乎？於是泛瑟而言曰：若大王之灯者，铜华金擎，错质镂形，碧为云气，玉为仙灵，双碗百枝，艳帐充庭，照锦池之文席，映绣柱之鸣筝，恣灵修之浩荡，释心疑而永平，兹侯服之夸诩，而处士所莫营也。若庶人之灯者，非银非珠，无藻无缛，心不贵美，器穷于朴。是以露冷帷幔，风结罗纨；萤已别桂，蛾命辞兰。秋夜如岁，秋情如丝。怨此愁抱，伤此秋期，必丹灯坐叹，欲说忘辞。至夫霜封园橘，冰裂池荪，云雪无际，河海方昏，冬膏既凝，冬箭未度，悁连冬心，寂历冬

河南邓州出土南朝飞仙画像砖

暮，亦复朱灯空明，但为伤故。乃知灯之为宝，信可赋也。王遂赞善，澄意敛神。屈原才华，宋玉英人，恨不得与之同时，结佩共绅。今子凝章挺秀，近出嘉宾，吐蘅吐蕙，含琼含珉，摧骖雕辇，以爱国之有臣焉。”

南朝的乐府诗中也有专门的记载，如《南齐书·乐志》记载的《淮南王辞》：“淮南王，自言尊，百尺高楼与天连，我欲渡河河无梁，愿作双黄鹄还故乡。”晋崔豹《古今注》卷中《音乐》载：“淮南王服食求仙，遍礼方士。遂与方士相携俱去，莫知所往。小山之徒，思恋不已，乃作《淮南王》曲焉。”这就将刘安的成仙说与淮南小山的招隐联系起来了，淮南小山的《招隐士》也是名作，其中“桂树丛生兮山之幽，偃蹇连蜷兮枝相缭”“攀援桂枝兮聊淹留”等句多为人所沿用，庾信多次引用，如《枯树赋》说“小山则丛桂留人，扶风则长松系马”，《入道士馆》说“何必淮南馆，淹留攀桂枝”，《山中》说：“涧暗泉偏冷，岩深桂绝香。住中能不去，非独淮南王。”至此，招隐与成仙已经融合在一起，开创了后世隐居修仙的风俗。

除了具体的吟咏外，刘安的成仙事迹、炼药服丹的用具，甚至衍生出清幽的修道环境，也构成了南朝人的艺术意象。刘安和八公的事迹构成了诗词的意象来源，尤其是确立了成仙的典故。《初学记》载“金瓶瑶甕”说：“古舞歌诗曰：淮南王，自言尊，百尺高楼与天连，后围凿井银作庆，金瓶素绠汲寒浆。”又载“好书乐善”说：“《汉书》曰：淮南王安为人好书善鼓琴，不喜弋猎。”又载“九师五子”说：“刘向《别录》曰，所校雠中易传淮南九师道训，除复重定著十二篇。淮南王聘善为易者九人，从之采获署曰《淮南九师书》。又曰，所校雠中易传古五子书，除复重定著十八篇，分六十四卦，著之日辰，自甲子至于壬子，凡五子，故号曰《五子》。”《白氏六帖事类集》载“枕鸿书”说：“汉淮南王有枕鸿书，书中有神仙为金术。”

到了唐代，关注的重点有所改变，刘安的文学才华日益得到重视。吴兢《贞观政要》说“淮南东阿之才俊”，将刘安与曹植相提并论。李商隐《太尉卫公会昌一品集序》说“淮南王食时之工，裴松之昧爽之献”，称赞刘安才思敏捷。马总《意林》说“淮南王安多华少实”，指出刘安的文章讲究形式。王通《中说》卷二说：“子曰：盖九师兴而易道微。（淮南王聘九人明易者撰《道训》二十篇，号九师易）”这个唐代以前没有记载，或是由八公衍生而来。总之，经过魏晋南北朝的演变，刘安谋反的形象日益消解，而作为神仙的形象，已经为人们所接受，因此，诗文中的刘安形象，包括他的事迹，都与刘安与八公的神仙事迹相关。

唐代诗文中的刘安形象也与神仙密切相关。一是笔记小说的记载。唐王松年《仙苑编珠》卷上《刘安接士八仙降庭》载：“《神仙传》淮南王刘安好道闻有术之士不远千里卑辞厚礼以迎之，时感八仙降焉。一人能坐致风雨、立起云雾，一人能束缚虎豹、召致蛟龙，一人能分形易貌、坐在立亡，一人能乘虚步空、越海凌波，一人能入火不灼、入水不濡，一人能千变万化、恣意所为，一人能防灾度厄、长生久视，一人能煎泥成金、凝汞为银也。”二是诗歌中的吟咏，王维、李白、杜甫等大诗人都有相关诗句传世。如王维《赠焦道士》说：“海上游三岛，淮南预八公。坐知千里外，跳向一壶中。缩地朝珠阙，行天使玉童。饮人聊割酒，送客乍分风。天老能行气，吾师不养空。谢君徒雀跃，无可问鸿蒙。”李白《凤笙篇》说：“始闻炼气餐金液。”杜甫《赠特进汝阳王二十韵》说：“鸿宝宁全秘，丹梯庶可陵。淮王门有客，终不愧孙登。”杜甫《滕王亭子》说：“君王台榭枕巴山，万丈丹梯尚可攀。春日莺啼修竹里，仙家犬吠白云间。清江锦石伤心丽，嫩蕊浓花满目班。人到于今歌出牧，来游此地不知还。”李贺《后园凿井歌》说：“井上辘轳床上转，水声繁，弦声浅，情若何，荀奉倩。城头日，长向城头住，一日作千年，不须流下去。”

**陕西醴泉唐长乐公主墓仙界壁画（摹本）**
**（昭陵博物馆：《昭陵唐墓壁画》，文物出版社，2006年）**

唐代诗文中偶尔也有一些涉及淮南王隐居和谋反的事情。如淮南小山的《招隐士》。《乐府诗集》称：“招隐本楚词，汉淮南王安小山所作也，言山中不可以久留，后人改以为五言。”李商隐《为张周封上杨相公启》曰：“山中桂树，远媿于幽人；日暮柴车，莫追于傲吏。”李商隐《献河东公启》曰：“见芳草则怨王孙之不游。”再如《淮南王歌》涉及的兄弟不和，《乐府诗集》载："《汉书》曰：淮南厉王长，高帝少子也。长废法不轨，文帝不忍置于法，乃载以辎车处蜀严道邛邮遣子，子母从居，长不食而死，后民有作歌，歌淮南王，帝闻之，乃追尊淮南王为厉王，置园如诸侯仪。"诗曰："一尺布，尚可缝，一斗粟，尚可舂，兄弟二人不相容。"司马贞《史记索隐》说："淮南多横，举事非正。天子宽仁，其过不更。轞车致祸，斗粟成咏。王安好学，女陵作诇。兄弟不和，倾国殒命。"可见从厉王刘长到刘安的谋反事迹，当时人也有关注，但不构成重点。

宋代郭茂倩所编的《乐府诗集》多次提及刘安，基本与神仙的形象有关，主要有两种：一是《淮南王辞》，二是《八公操》。《淮南王辞》列入《乐府诗集·舞曲歌辞》，诗曰：

淮南王，自言尊，百尺高楼与天连，后园凿井银作床，金瓶素绠汲寒浆，汲寒浆，饮少年，少年窈窕何能贤，扬声悲歌音绝天，我欲渡河河无梁，愿化双黄鹄还故乡，还故乡，入故里，徘徊故乡苦身不已，繁舞寄身无不泰，徘徊桑梓游天外。

这首诗最早见于《南齐书·乐志》，说"晋《淮南王舞歌》六解，齐梁乐所奏，前是第一解，后是第五解"，这是说《淮南王舞歌》是晋乐，结构是六解。晋崔豹《古今注》说"淮南王，淮南小山之所作也。淮南王服食求仙，遍礼方士，遂与八公相携俱去，莫知所往。小山之徒思恋不已，乃作《淮南王曲》焉"，最早指出作者是淮南小山，是对淮南王服丹成仙而不知所踪的怀念。唐吴兢《乐府古题要解》的《淮南王篇》说：“右古词‘淮南王，自言尊’，淮南小山所作也。旧说汉淮南王安服食求仙，遍礼方士，遂与八公相携俱亡，莫知所适。小山之徒思恋不已，乃作《淮南王》之歌，其词实言安仙去。”吴兢指出《淮南王辞》的实质是说淮南王刘安成仙而去。《乐府诗集》的记载进一步补充了淮南王成仙的故事，说：“班固《汉武帝故事》曰，淮南王安好神仙，招方术之士，能为云雨，百姓传云，淮南王得天子、寿无极，帝心恶之，使觇王，云能致仙人，与共游处，变化无常，又能隐形飞行，服气不食，帝闻而喜，欲受其道，王不肯传，帝怒将诛焉，王知之，出令与君臣，因不知所之。”刘安的仙术引起了汉武帝的兴趣，刘安不肯传授而引发了杀身之祸。《八公操》列入《乐府诗集·琴曲歌辞》，诗曰：

> 煌煌上天照下土兮，知我好道公来下兮，公将与予生毛羽兮，超腾青云蹈梁甫兮，观见瑶光过北斗兮，驰乘风云使玉女兮，含精吐气嚼芝草兮，悠悠将将天相保兮。

《乐府诗集》说：“一曰《淮南操》。《古今乐录》曰：‘淮南王好道，正月上辛，八公来降，王作此歌。’谢希逸《琴论》曰：‘八公操，淮南王作也。’”那么这首诗属于淮南王刘安所作，是八公来临的赞歌，淮南王时尚无道教，八公也是传说中的人物，当是后世道教人物对刘安结交仙人的文学性描绘，具体作者已不可知了。

# 思想篇

## 1.黄老道家的大成

《淮南子》是黄老之学的集大成之作。清末以来的著名学者很是赞赏《淮南子》的道家思想，梁启超、胡适、冯友兰等大家都有称述。梁启超《中国近三百年学术史》称“《淮南鸿烈》为西汉道家言之渊府，其书博大而有条贯，汉人著述中第一流也”，《汉书艺文志诸子略考释》说“《淮南鸿烈》实可谓集道家学说之大成”，胡适《淮南王书》说“道家集古代思想大成，而《淮南王书》又集道家的大成。道家兼收并蓄，但其中心思想终是那自然无为而无不为的‘道’”。冯友兰《中国哲学史新编》称“这‘内’‘中’‘外’三部分包括了汉初黄老之学的各方面内容，可以说是汉初黄老之学的论文总集”。张岱年《中国哲学史料学》也说“《淮南子》主要是黄老之学，属于道家”。《淮南子》产生于黄老思想高度发展之后，成功地对黄老思想进行了改良，一定程度上挽救了黄老之学，它又诞生在儒学独尊的前夜，也体现了特定的学术思想转变的轨迹。

（1）黄老道家的基本特征

司马谈《论六家要旨》第一次将先秦诸子区分成阴阳家、儒家、墨家、名家、法家、道家等六家，《汉书·艺文志》扩大为九流十家，另增“纵横、杂、农、小说”四家。司马谈《论六家要旨》最早对黄老道家进行了总结：

道家使人精神专一，动合无形，赡足万物。其为术也，因阴阳之大顺，采儒墨之善，撮名法之要，与时迁移，应物变化，立俗施事，无所不宜，指约而易操，事少而功多。

道家无为，又曰无不为。其实易行，其辞难知。其术以虚无为本，以因循为用。无成势，无常形，故能究万物之情。不为物先，不为物后，故能为万物主。有法无法，因时为业；有度无度，因物与合。故曰"圣人不朽，时变是守。虚者道之常也，因者君之纲"也。群臣并至，使各自明也。其实中其声者谓之端，实不中其声者谓之窾。窾言不听，奸乃不生，贤不肖自分，白黑乃形。在所欲用耳，何事不成。乃合大道，混混冥冥。光耀天下，复反无名。凡人所生者神也，所托者形也。神大用则竭，形大劳则敝，形神离则死。死者不可复生，离者不可复反，故圣人重之。由是观之，神者生之本也，形者生之具也。不先定其神形，而曰"我有以治天下"，何由哉？

司马谈勾勒了黄老道家的几个特征：一是从天道转向人道。黄老道家吸收了阴阳家的学说，所谓"因阴阳之大顺""序四时之大顺"，就是对阴阳、春夏秋冬四时的吸纳。黄老道家以天道秩序为前提，生发出人间世界的秩序。二是从养生到治国。冯友兰《中国哲学史新编》说"稷下黄老之学认为养生和治国，是一个道理的两方面的应用"，只有养生才能体道，养生是手段，治国是目的。三是虚无为本，因循为用。这是黄老之学的核心要义。四是兼综百家。黄老道家是对各家长短进行了评判之后，将有益于治国的内容纳入体系当中，因此说“阴阳、儒、墨、名、法、道德，此务为治者也，直所从言之异路，有省不省耳”。

黄老道家，始于战国，盛行于西汉前期，特点是道家、法家观念的结合，兼有儒家、墨家，采纳名家、阴阳家的观点，主张“贵清静而民自定”“无为而治”，属于政治哲学，是道家为现实政治服务的开端。

（2）黄老道家的发展阶段

黄老道家的发展可分为四个阶段：第一阶段是萌芽期，时间是春秋末至战国初，此时以老子学说为基础取得进一步发展，代表人物是范蠡、文种等；第二阶段是成熟期，时间是战国中期至秦代，此时诞生了众多学者和著作，代表作有《黄帝四经》《管子》四篇、《文子》《列子》等；第三阶段是鼎盛期，时间是秦汉之际到汉武帝初年，黄老思想成为统治者治国理政的指导思想，代表作是《淮南子》；第四阶段是衰亡期，随着建元六年窦太后的去世，汉武帝独尊儒术，黄老思想逐渐没落，但余势所及，两汉尚未完全泯灭，继续影响着日常政治。汉宣帝说“汉家自有制度，本以霸王道杂之，奈何纯任德教，用周政乎？”正是儒道并存情况的反映。

清任熊木刻老子像局部

一是萌芽期。黄老之学源于老子思想，战国初期即已酝酿，最早可追溯至范蠡。著名学者陈鼓应《先秦道家研究的新方向》一文，根据帛书《黄帝四经》大量引用范蠡言论的事实指出“范蠡可能是由老学发展到黄老之学的关键人物”。范蠡晚于老子约三四十年，《国语·越语下》提到“圣人因天”“必顺天道”“知天地之恒制”，以及“赢缩转化”之道和推天道以明人事的思维方式，显示出范蠡受老子的直接影响，属于上承老子下开黄老学之先河。范蠡身当国家存亡之际，因此开始将老子思想应用到军事上，老子说“兵者，不祥之器”“不以兵强天下，其事好遂”，范蠡指出“兵者，凶器也；争者，事之末也。阴谋逆德，好用凶器，始于人者，人之所卒也”。老子说“大盈若冲”“果而勿骄”“不自伐”“不自矜”“自伐者无功”，范蠡说“天道盈而不溢，盛而不骄，劳而不矜其功”。当被越王任命为上将军，范蠡认为“以为大名之下，难以久居”，因此“浮海出齐”，体现了老子“功成身退”的哲学思想。范蠡是楚人，“浮海出齐”后，将黄老思想传播到齐地，《管子》和帛书《黄帝四经》记载了不少范蠡的言论，成为沟通南北文化、传播老子思想的功臣，陈鼓应指出“老子思想的入齐，范蠡有可能是第一个重要的老学的传播者”。萌芽发展时期的黄老思想，没有专著传世，只能通过文献记载的人物言论事件来确认。

二是成熟期。著名的稷下学宫，位于齐国的首都临淄，设立于齐桓公当政时期。徐干《中论·亡国》说：“盖齐桓公立稷下之官，设大夫之号，招致贤人而尊崇之，自孟轲之徒皆游于齐。”到了齐宣王、齐湣王时期，稷下之学达到兴盛的顶峰。

齐宣王时期，稷下学宫最为繁盛，人才济济，待遇优厚。《史记·田敬仲完世家》载："宣王喜文学游说之士，自如邹衍、淳于髡、田骈、接予、慎到、环渊之徒七十六人，皆赐列第，为上大夫，不治而议论。是以齐稷下学士复盛，且数百千人。"《史记·孟子荀卿列传》载："自邹衍与齐之稷下先生，如淳于髡、慎到、环渊、接子、田骈、邹奭之徒，各著书言治乱之事，以干世主，岂可胜道哉！……于是齐王嘉之，自如淳于髡以下，皆命曰列大夫，为开第康庄之衢，高门大屋，尊宠之。揽天下诸侯宾客，言齐能致天下贤士也。"到了齐湣王后期，由于齐湣王开疆拓土、人们以战功相尚，学宫开始趋于衰落，桓宽《盐铁论·论儒》说"及湣王，奋二世之余烈，南举楚淮，北并巨宋，苞十二国，西摧三晋，却强秦，五国宾从。邹鲁之君，泗上诸侯皆入臣，矜功不休，百姓不堪。诸儒谏，不从，各分散。慎到、捷子亡去，田骈如薛，而孙卿适楚"。到了齐襄王时期，学宫又有所恢复，荀子"最为老师""三为祭酒"。稷下学宫从创立到结束，持续了一百五十多年。随着齐国的衰亡，秦国一统天下，黄老思想随稷下学者辗转入秦，出现了吕不韦的《吕氏春秋》。

战国中后期黄老学获得了较大的发展，尤以稷下最为兴盛。当时的黄老学的代表学者有：稷下的环渊、田骈等，魏国的魏牟，楚地的鹖冠子，赵国的乐瑕公、乐巨公，还有隐士黔娄等。其他如法家的申不害、慎到、韩非，儒家的荀子，名家的尹文子，杂家的吕不韦等也受到了黄老思想的影响。代表著作有：《黄帝四经》、《管子》四篇、《鹖冠子》《文子》《列子》和《庄子》的部分篇章，《吕氏春秋》的《贵公》《去私》《圜道》等作品。稷下学派的黄老思想发展为三派：东方派，以《管子》为代表，北方派，以《吕氏春秋》为代表，南方派，以《淮南子》为代表。稷下道家的作品，根据《史记》《汉书》的记载，《史记》有环渊著上、下篇，慎到“著十二论”，又《汉志》载《蜎子》十三篇，《田子》二十五篇，《慎子》四十二篇，《捷子》二篇，《宋子》十八篇，另有《尹文子》等。

《黄帝四经》出土于长沙马王堆三号汉墓，是黄老思想成熟期的代表作，包括《经法》《十大经》《称》《道原》等四篇古佚书。书中避高祖刘邦讳，而不避惠帝刘盈讳，故学者断定抄写于惠帝至文帝初年。《经法》是全书的总纲，讲治国必须依靠法治；《十大经》主要是政治、军事斗争的策略；《称》主要讲施政、行法必须权衡度量，区分轻重；《道原》集中论述道的性质、作用及以道治国的方法。《黄帝四经》的哲学思想集中于道论，既坚持了老子道论的自然观，又有所发展，其中道法结合是最核心的思想。所谓道法结合，事实上是对道法关系的解释，《经法·道法》说“道生法。法者，引得失以绳而明曲直者也。故执道者，生法而弗敢犯也，法立而弗敢废也”，要求法以公正的形式体现道的思想。《黄老四经》以道法为主、兼容各派，反映了汉初黄老学说的综合性特点，故而能够盛行于西汉初年，成为显学。

黄老学派是各种学派渐趋接近的结果，而非道家杂取各家学说。《吕氏春秋》开启汉初黄老之学的先声。《淮南子》是对汉初黄老政治思想的改良，但未受到重视，没能挽救黄老之学被儒学取代的命运。

三是鼎盛期。蒙文通《略论黄老学》说“百家盛于战国，但后来却是黄老独盛压倒百家”，指出了黄老学的鼎盛地位，这与汉初的政治密切相关。

汉初实行与民休息、清静无为的黄老政治，是出于时代的选择。秦末大乱之后，人心思定。当时国力日蹙，粮食不继，《汉书·食货志》说“人相食，死者过半”，《汉书·高惠高后文功臣表》说“时大城名都民人散亡，户口可得而数裁什二三，是以大侯不过万家，小者五六百户”，可知经历战争之后，汉初人口锐减的局面。《史记·平准书》说“汉兴，接秦之弊，丈夫从军旅，老弱转粮饷，作业剧而财匮，自天子不能具钧驷，而将相或乘牛车，齐民无藏盖”，皇帝尚且无法凑齐同色的四匹马，有的将相只能乘牛车，而普通百姓连居住都成了问题，可知当时社会经济的凋敝。因此汉高祖颁布了《罢兵赐复诏》，要求军队复员，“兵皆罢归家”，要求流民“各归其县，复故爵田宅”，释放奴婢，“民以饥饿自卖为人奴婢者，皆免为庶人”，对于无爵或爵在大夫以下的“皆赐爵为大夫”，爵在大夫以上的“赐爵各一级”，在七大夫以上的“皆令食邑”，以下的免除本人及全家徭役，对于归农的军吏卒，按照功劳给予田宅，并且给予高爵。

当时学者的要务，是对秦代的反思，基本思路是批判法家学术，指出这是轻视儒学的结果。《史记·郦生陆贾列传》载陆生说“陆生时时前说称《诗》《书》。高帝骂之曰：‘乃公居马上而得之，安事《诗》《书》？’陆生曰：‘居马上得之，宁可以马上治之乎？且汤、武逆取而以顺守之，文武并用，长久之术也。昔者吴王夫差、智伯极武而亡；秦任刑法不变，卒灭赵氏。

乡使秦已并天下，行仁义，法先圣，陛下安得而有之？’高帝不怿而有惭色，乃谓陆生曰：‘试为我著秦所以失天下，吾所以得之者何，及古成败之国。’陆贾乃粗述存亡之征，凡著十二篇。每奏一篇，高帝未尝不称善。左右呼万岁，号其书曰《新语》。”刘邦是秦吏出身，不甚重视儒家，曾往儒冠里面撒尿，但也注意吸收儒家的成果。当时宴席之中，功臣争相饮酒，颇失礼仪，叔孙通主动请缨制礼，《史记·刘敬叔孙通列传》载：

汉五年，已并天下，诸侯共尊汉王为皇帝于定陶，叔孙通就其仪号。高帝悉去秦苛仪法，为简易。群臣饮酒争功，醉或妄呼，拔剑击柱，高帝患之。叔孙通知上益厌之也，说上曰：“夫儒者难与进取，可与守成。臣愿征鲁诸生，与臣弟子共起朝仪。”高帝曰：“得无难乎？”叔孙通曰：“……臣愿颇采古礼与秦仪杂就之。”上曰：“可试为之，令易知，度吾所能行为之。”

于是叔孙通使征鲁诸生三十余人。鲁有两生不肯行，曰：“公所事者且十主，皆面谀以得亲贵。……吾不忍为公所为。公所为不合古，吾不行。公往矣，无污我！”叔孙通笑曰：“若真鄙儒也，不知时变。”

遂与所征三十人西，及上左右为学者与其弟子百余人为绵蕞野外。习之月余，叔孙通曰：“上可试观。”上既观，使行礼，曰：“吾能为此。”乃令群臣习肄，会十月。



两年之后，叔孙通在长乐宫落成的岁首重要仪式上展现他制礼作乐的成果：



汉七年，长乐宫成，诸侯群臣皆朝十月。仪：先平明，谒者治礼，引以次入殿门，廷中陈车骑步卒卫宫，设兵张旗志，传言“趋”。殿下郎中侠陛，陛数百人。功臣列侯诸将军军吏以次陈西方、东乡；文官丞相以下陈东方、西乡。大行设九宾、胪传。于是皇帝辇出房，百官执职传警。引诸侯王以下至吏六百石以次奉贺。自诸侯王以下莫不振恐肃敬。至礼毕，复置法酒。诸侍坐殿上皆伏抑首，以尊卑次起上寿。觞九行，谒者言“罢酒”。御史执法，举不如仪者，辄引去。竟朝置酒，无敢喧哗失礼者。于是高帝曰：“吾乃今日知为皇帝之贵也。”乃拜叔孙通为太常，赐金五百斤。

叔孙通因进曰：“诸弟子儒生随臣久矣，与臣共为仪，愿陛下官之。”高帝悉以为郎。叔孙通出，皆以五百斤金赐诸生。诸生乃皆喜曰：“叔孙生诚圣人也，知当世之要务。”

叔孙通制定朝仪，贵贱有别，刘邦尝到了身为皇帝的威仪，因此对儒家的态度有所改善，经过鲁地时特意祭孔。总之，刘邦对儒家的思想还采取了包容的态度，能够做到吸收精华，为我所用。

高祖时的群臣中，张良和陈平都学习过黄老之术，《史记·陈丞相世家》载司马迁说“陈丞相平少时，本好黄帝、老子之术”。还有曹参，做过齐相，曾以黄老学治理齐国，代萧何为相后，将黄老之学推行至全国。曹参是盖公的学生，盖公又是乐臣公的学生。《史记·乐毅列传》载乐臣公为乐毅族人，“善修黄帝、老子之言，显闻于齐，称贤师”，“乐臣公教盖公，盖公教于齐高密、胶西，为曹相国师”。又《史记·曹相国世家》说“孝惠帝元年，更以参为齐丞相。参之相齐，齐七十城。天下初定，悼惠王富于春秋，参尽召长老诸生，问所以安集百姓，如齐故诸儒以百数，言人人殊，参未知所定。闻胶西有盖公，善治黄老言，使人厚币请之。既见盖公，盖公为言治道贵清静而民自定，推此类具言之。参于是避正堂，舍盖公焉。其治要用黄老术，故相齐九年，齐国安集，大称贤相。”曹参治国的特点是“载其清静，民以宁一”，属于黄老之学的具体实施。

汉文帝和窦太后是推行黄老统治的关键人物。《史记·礼书》说：“孝文即位，有司议欲定仪礼。孝文好道家之学，以为繁礼饰貌，无益于治，躬化谓何耳。”窦太后是汉文帝的皇后，景帝的母亲，窦太后极力提倡黄老之学。《史记·外戚世家》载“窦太后好黄帝、老子言，帝及太子、诸窦，不得不读《黄帝》《老子》，尊其术”，《汉书·外戚传》因之。她对儒家颇为不满，曾因此逼辕固生入圈刺猪，《史记·儒林列传》载：

窦太后好《老子》书，召辕固生问《老子》书。固曰：“此是家人言耳。”太后怒曰：“安得司空城旦书乎？”乃使固入圈刺豕。景帝知太后怒而固直言无罪，乃假固利兵，下圈刺豕，正中其心，一刺，豕应手而倒。太后默然，无以复罪，罢之。居顷之，景帝以固为廉直，拜为清河王太傅。

久之，病免。今上初即位，复以贤良征固。诸谀儒多疾毁固，曰“固老”，罢归之。时固已九十余矣。固之征也，薛人公孙弘亦征，侧目而视固。固曰：“公孙子，务正学以言，无曲学以阿世！”自是之后，齐言《诗》皆本辕固生也。诸齐人以《诗》显贵，皆固之弟子也。

西安东郊汉窦皇后陵
（咸阳市文物考古研究所：《西汉帝陵钻研调查报告》，文物出版社，2010年）

诸侯王中好黄老之术的，最有名的当然是刘安。另有楚元王刘德，《汉书·楚元王传》说“常持老子知足之计，妻死，大将军光欲以女妻之，德不敢取，畏盛满也”，不肯与权势煊赫的霍光联姻。名商富贾中，最典型的是武帝时的杨王孙，《汉书·杨王孙传》说他“学黄老之术，家业千金，厚自奉养生，亡所不致”，属于以黄老道学致富的商人，他死后坚持裸葬，认为“精神者，天之有也，形骸者，地之有也。精神离形，各归其真，故谓之鬼，鬼之言归也”。

四是衰亡期。汉初经历了五次儒道之争，最终在武帝时儒学取得了胜利。第一次是文帝时，贾谊“悉草具其事仪法，色尚黄，数用五，为官名，悉更秦之法”，终因为文帝的消极支持和权臣的极力排挤而最终失败。第二次是景帝时期，黄生与辕固生争论汤武革命之事，以景帝的调停而结束，然而辕固生占据了上风。第三次是景帝时期，辕固生说《老子》书属于家人言，窦太后大怒，将他投入猪圈差点丢失性命。武帝时期，又发生了两次争论。第四次是武帝即位伊始，开始采取措施尊儒，一是罢黜百家，《汉书·武帝纪》载建元元年（公元前140年）在举贤良方正直言极谏之士时，武帝同意丞相提出的“所举贤良，或治申商，韩非、苏秦、张仪之言，乱国政，请皆罢”，二是任命“俱好儒术”的窦婴为丞相、田蚡为太尉、赵绾为御史大夫。建元五年（公元前136年）始立五经博士，罢诸子传记。虽然因窦太后的阻挠未能成功，但已经显示出武帝对儒家的偏好。第五次是建元六年（公元前135年），窦太皇太后去世，汉武帝启用田蚡为丞相，《史记·儒林列传》载“黜黄老刑名百家之言，延文学儒者以百数，而公孙弘以《春秋》白衣为天子三公，封以平津侯。天下之学士靡然乡风矣”，儒学取代黄老取得了独尊的地位。

汉武帝时代不仅是黄老学派命运的转折点，也是黄老思想的总结期，涌现了司马谈的《论六家要旨》和刘安的《淮南子》等重要著作。西汉中期以后，黄老思想不再具有统治地位，退居到学术的边缘，但是西汉初期提倡清静无为、休养生息的政治观念，融入了传统政治思想的血液，成为王朝初兴的必要手段。同时黄老之学也构成了为人处世的思想指南，如东汉的任光“好黄老言，为人纯厚，乡里爱之”（《后汉纪》卷二），东汉的樊瑞

“好黄老言，清静少欲”（《后汉书·樊宏阴识列传》），任隗“少好黄老，清静寡欲”（《后汉书·任李万邳刘耿列传》），闵中叔“好黄老，清志洁行，不仕王莽之世，恬静养神，弗役于物”（《太平御览》卷四百七十八），郑均“少好黄老书……好义笃实，养寡嫂孤儿，恩礼敦至。常称疾家庭，不应州郡辟召”（《后汉书·宣张二王杜郭吴承郑赵列传》）等，总体而言，修习黄老者，都以清静寡欲、隐居不仕、待人宽厚著称。

黄老思想本来注重养生，因此成为求长生的理论支持，如“（魏）愔辞与王共祭黄老君，求长生福而已”（《后汉书·孝明八王列传》），正因为如此，黄老思想开始与神仙方术结合，渐渐显示出宗教化倾向，为人所崇拜，成为道教的最早来源。如五斗米道的创始人张角“奉事黄老道，畜养弟子，跪拜首过，符水咒说以疗病，病者颇愈，百姓信向之”（《后汉书·皇甫嵩朱儁列传》），同时黄老思想开始与佛教进一步结合，如楚王刘英晚年“更喜黄老，学为浮屠斋戒祭祀”（《后汉书·光武十王列传》），皇帝也报诏称“楚王诵黄老之微言，尚浮屠之仁祠”（《后汉书·光武十王列传》）。这是黄老思想发展中的变异。

当然，黄老思想与神仙方术有密切的联系。《汉书·艺文志》所载十余种以黄帝冠名的书籍，有《黄帝杂子气》《黄帝五家历》《黄帝阴阳》《黄帝长柳占梦》《黄帝内经》《泰始黄帝扁鹊俞拊方》《黄帝三王养阳方》《黄帝杂子步引》等，由此可知黄老思想掺杂了很多权谋术数和方技迷信。这也间接证明了《淮南子》一书的丰富性，非但有《内篇》《外篇》，还有《中篇》，实际上，刘安的神仙形象和文学形象，很大程度上得益于神仙方术的塑造。

《淮南子》是秦汉道家最成熟的著作，体现了“因阴阳之大顺，采儒墨之善，撮名法之要”的特点，它吸收了当时社会广泛的思想，成为西汉前期学术思想的总结性著作，反映了汉初的时代精神。然而刘安献《淮南子》不久，董仲舒上天人三策，新的学术统治思想与汉武帝的雄才大略一拍即合，儒家独尊的局面呼之欲出。作为旧思想代表的《淮南子》，要求仁义礼乐从属于道德，主张实施清静无为的统治术，赞成分封的权力体系，很显然不能适应新的时代要求，加上刘安谋反案的爆发，因此还未来得及发挥作用就被束之高阁了。

## 2.杂家思想的双璧

“杂家”一词最早出现在《史记·韩长孺列传》，说“（韩长孺）尝受《韩子》、杂家说于驺田生所”。“杂”本来是“聚”的意思，“杂家”即指汇集诸家，但又不是简单的汇集总钞，而是有一定的思想统摄，因此杂家与儒家、道家、墨家等学派具有对等的地位。

杂家明确为学派之称，始于西汉末年的刘向、刘歆父子。《后汉书·张衡传》说“刘向父子，领校秘书，阅定九流”，九流之中，杂家居一。那什么是杂家学派？我们且来看看几部经典的目录书定义。《汉书·艺文志》说：“杂家者流，盖出于议官。兼儒、墨，合名、法，知国体之有此，见王治之无不贯，此其所长也。”《隋书·经籍志》说：“杂者，兼儒墨之道，通众家之意，以见王者之化，无所不冠者也。古者，司史历记前言往行，祸福存亡之道。然则杂者，盖出史官之职也。”《四库全书总目》说：“杂之义广，无所不包，班固所谓合儒、墨，兼名、法也。”刘文典《淮南鸿烈集解》说：“夫杂者会也，盖先以道德为标的，既定纲纪品式，乃博采九流，网罗百氏，纳于检格之中，实能综合方术之长，以成道术，非徒以钞内群言为务者也。”所谓“杂家”，就是以道家为统摄，集儒、墨、名、法诸家思想所长，汇合诸家、融为一体的学说。

杂家能否成为专门的学派，学术界是有争论的。一种意见认为杂家是独立的学说，如徐刚《论先秦诸子的分派问题》说："杂家的杂，不是杂乱的混合，而是折中调和的意思，虽然来源于不同思想的学者，却可以熔铸成一种独立的学说。"另一种意见是不同意杂家为独立学说，查太爻《诸子研究》"杂之义为集，为合，为聚，为会，故班氏言杂家兼儒墨，合名法。而杂家书之最著者如《吕氏春秋》及《淮南子》内外篇，又皆门下食客所合作，是大抵杂家之学系众手杂纂而成于一人，即集合诸家而不偏于一说，家以杂名，义盖在此。然杂之为训，亦有驳杂不纯之义，古人著书，必抱一定之宗旨，贯彻初终，而后是成一家之言，若杂则非家，家则不杂，岂有驳杂不纯之学而可以名家行乎？"根本上在于怎样理解杂家学者对既往思想和材料的加工。王锦民《古学经子》说："杂家对先秦学术的总结，自《吕氏春秋》为一总结，《淮南子》又一总结，经此总结，诸子学中比较重要的思想，尽被吸收到杂家一部著作中，诸子各家由此失去别家分传的价值。"

吕不韦像

《吕氏春秋》是最早的杂家著作。根据钱穆的考证，《吕氏春秋》成书于秦始皇七年。当时秦国独盛，六国孱弱，大一统的形势日渐明朗。政治上的趋于统一对学术提出了新的需要，融合诸家学说的杂家之学应运而生，适应了时代的要求。经历了秦末大乱，汉高祖刘邦在与项羽争夺天下的战争中胜出，又大肆诛除功臣，稳定了统治。文景之时，统治者大力提倡休养生息，黄老思想因此占据统治地位。《淮南子》成书于景帝之世，面对着走向盛世的汉帝国，因此采撷百家之长而融合成一大杂家之书。

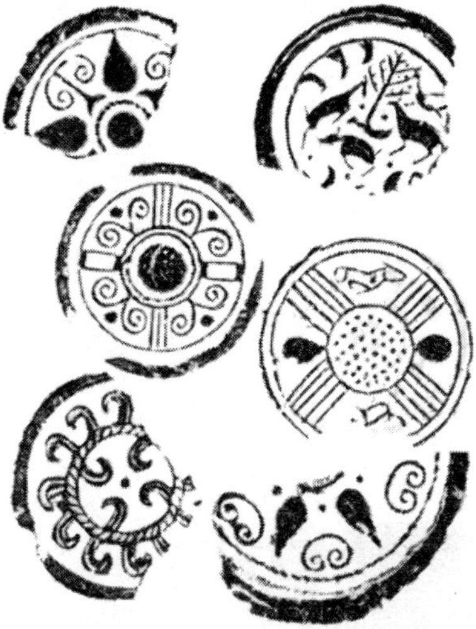

战国秦宫殿遗址出土瓦当拓片
（王世昌：《陕西古代砖瓦图典》，三秦出版社，2004年）

《吕氏春秋》和《淮南子》既是杂家学派代表作，又俱属于黄老道家之作。《吕氏春秋》的中心思想，胡适《读〈吕氏春秋〉》说“在《本生》《重己》《贵生》《情欲》几篇里发挥的一种很健全的个人主义，可以叫做贵生重己主义”，贵生重己是黄老思想的重要内容；《淮南子》的《原道训》，通篇发挥老子之道，《俶真训》是关于得道的真人，《道应训》简直是《老子》的注解。

关于黄老与杂家的关系，学术界的主流观点认为黄老就是杂家，有的说杂家乃黄老学说之集大成者，有的说杂家即黄老属于新道家，这些属于学术界的主流观点。当然也有不同的意见，如章太炎《国学讲演录》说："杂家集他人之长，以为己有，《吕览》是已；此在后代，即《群书治要》之比，再扩充之，则《图书集成》亦是也。"傅斯年《所谓"杂家"》进一步说："《吕氏》《淮南》两书，自身都没有什么内含价值，然因其为'类书'，保存了不少的早年材料，所以现在至可贵。犹之乎《北堂书钞》《艺文类聚》《太平御览》等书，自身都是无价值的，其价值在其保存材料。"即认为杂家不过是抄袭诸家而成书，没有独立的思想和价值。

将黄老与杂家等同的观点，应该起源于司马谈《论六家要旨》与班固《汉书·艺文志》的描述。《论六家要旨》说："道家使人精神专一，动合无形，赡足万物。其为术也，因阴阳之大顺，采儒墨之善，撮名法之要，与时迁移，应物变化，立俗施事，无所不宜，指约而易操，事少而功多。"《汉书·艺文志》载："杂家者流，盖出于议官。兼儒、墨，合名、法，知国体之有此，见王治之无不贯，此其所长也。及荡者为之，则漫羡无所归心。"但是有学者指出："杂家著作虽多含黄老之说，且因较为晚出而所论转精，但杂家究以'杂'为特点，与黄老之道家仍有本质不同。故论黄老必须取资于杂家，但绝不可径以杂家为黄老。"（高新华：《战国至汉初的黄老思想研究》，北京大学2010年博士论文）他的主要依据是：

一是《史记》《汉书》未将《吕氏春秋》和《淮南子》归为黄老或道家，尤其司马迁生当汉初，了解黄老之学的盛况，如果是典型著作，不能不加以揭示。司马迁和班固熟悉两书，在《史记·十二诸侯年表》里提及《吕氏春秋》称"吕不韦者，秦庄襄王相，亦上观尚古，删拾《春秋》，集六国时事，以为八览、六论、十二纪，为《吕氏春秋》”，《史记·吕不韦列传》说“是时诸侯多辩士，如荀卿之徒，著书布天下。吕不韦乃使其客人人著所闻，集论以为八览、六论、十二纪，二十余万言。以为备天地万物古今之事，号曰《吕氏春秋》”。《汉书·淮南衡山济北王传》载：“招致宾客方术之士数千人，作为《内书》二十一篇，《外书》甚众，又有《中篇》八卷，言神仙黄白之术，亦二十余万言。时武帝方好艺文，以安属为诸父，辩博善为文辞，甚尊重之。”因此有学者认为杂是“集”的意思，“杂家的‘杂’是集合、聚集之意，而不是‘杂乱’”。（马庆洲：《淮南子考论》，北京大学出版社，2009年版）

二是杂家中有不合黄老之义的内容。黄老思想是有自己的思想体系的，融汇诸家而为我所用，而杂家更多起到的是汇聚作用，在思想方面并不具体系。比如对阴阳四时的处理，黄老思想家的代表《黄帝四经》和《管子》四篇，顺应四时或因循天地自然，与礼义等级、刑名法术融成不可分割的有机整体，如《经法·四度》载：“日月星辰之期，四时之度，[动静]之立（位），内外之处，天之稽也。高下不敝（蔽）其刑（形），美亚（恶）不匿其清（情），地之稽也。君臣不失其立（位），士不失其处，任能毋过其所长，去私而立公，人之稽也。”《十大经·姓争》载：“夫天地之道，寒涅（热）燥湿，不能并立；刚柔阴阳，固不两行。两相养，时相成。居则有法，动作循名，其事若易成。”《管子·内业》载：“春秋冬夏，天之时也。山陵川谷，地之枝也。喜怒取予，人之谋也。是故圣人与时变而不化，从物而不移。能正能静，然后能定。”而《吕氏春秋》的十二纪和《淮南子》的《时则训》，多与《礼记·月令》相似，体现的是阴阳家的“大祥而众忌讳，使人拘而多所畏”的特点，这正是黄老学说所极力批判的。因此在思想上，“《吕氏春秋》《淮南子》对阴阳家的理论是整体吸纳，并非取其长而弃其短”。而在思维方式上，黄老学说是“因阴阳之大顺”，提倡顺应自然规律，而杂家认为阴阳影响人的行为，自然规律因人事而变，有“天人感应”的意旨。如《吕氏春秋·应同篇》的“凡帝王者之将兴也，天必见祥乎下民”，《淮南子·天文训》的“人主之情，上通于天。故诛暴则多飘风，枉法令则多虫螟，杀不辜则国赤地，令不收则多淫雨”等。总之黄老思想吸收了各家的长处而又注意抛弃其短处，因而能将各家思想熔铸一炉，成为自身的有机组成成分；而杂家虽也集合众家，但或者未能避其短，或有熔而未化，因此呈现出一定的驳杂性特征。

三是《吕氏春秋》和《淮南子》在思想呈现上的复杂性导致其归属莫衷一是。如果《吕氏春秋》和《淮南子》仅仅体现的是黄老思想，学者很容易根据具体的论述，寻找到前后一致、一以贯之的思想，但实际上，学者对《吕氏春秋》和《淮南子》的思想聚讼纷纭，不主一家显而易见。关于《淮南子》，高诱《叙》说“其旨近老子，淡泊无为，蹈虚守静，出入经道。……其义也著，其文也富，物事之类，无所不载，然其大较归之于道”。陈鼓应《〈黄帝四经〉今注今译》认为《淮南子》是以老学正宗自居的，王叔岷《〈淮南子〉与〈庄子〉》则认为《淮南子》更近于庄子，虽则明引《庄子》处仅见于《道应训》，但暗用及发明庄义之处极多，竟达220余条。葛兆光《中国思想史》也认为《淮南子》有强烈批判现实的倾向，强调“耳目聪明、五脏安宁、气志闲静、精神内守等属于个人的自由和超越”，也多出自老庄。如此《淮南子》与老、庄关系密切，而老庄一派与黄老一派判然有别，说《淮南子》是黄老思想的集大成之作，难以成立。关于《吕氏春秋》，葛兆光指出“思想框架的基本依据是战国时代一直被反复思索的‘天道’‘世道’和‘人道’之间的同源同构互感关系，这依据其实来自此前甚为流行的黄老之学”，已显示出《吕氏春秋》和《淮南子》思想的差别。至于高诱主道家说，四库馆臣主儒家说，卢文弨主墨家说，陈奇猷以十二纪的结构归为阴阳家说，更是言人人殊，这都是由书的驳杂性质决定的。

先秦各家虽然互相辩论，如庄子和惠子的濠上之辩，孟子对陈相的穷追不舍，但各家的思想从来不是壁垒分明、非此即彼的，儒家孔子曾问学老子，《论语》也吸收《老子》的思想，名家可追至墨子的“三表法”，法家取道家“南面之术”，荀子言虚静则同于老庄，但每一家之所以成立，正在于它们有突出的主张，如儒家主张仁义、墨家主张兼爱非攻、法家强调法术势等。稷下学派的杂家特征也是如此，如《管子》综合百家，重心却在道家和法家。从《吕氏春秋》到《淮南子》体现了百家之学的大争鸣与小争鸣，《吕氏春秋》的时代，国家尚未统一，思想自由迸发，掀起了一次大争鸣的热潮。自秦王朝被推翻后，汉初出现了学术流派小争鸣的热闹场面，董仲舒对汉武帝说“今师异道，人异论，百家殊方，指意不同”，董仲舒与司马谈同时，所提及的情况也是司马谈亲历的。《淮南子》一书的杂家特色，反映了当时的学术状况。面临新的统一局面，不同的学派都力图从自己的立场论证自己的观点是正确的，司马谈的六家分类，就是对当时正在争鸣的百家的总结。

## 3.宇宙万物的源流

刘安著《淮南子》是有很深抱负的，他说“著书二十篇，则天地之理究矣，人间之事接矣，帝王之道备矣”，目的是穷究天地运行的规律，人间万事的秩序和帝王统治的道理。东汉学者高诱为《淮南子》作注时说“言其大也，则焘天载地；说其细也，则沦于无垠，及古今治乱存亡祸福，世间诡异瑰奇之事”，也是赞赏刘安讨论天地、人事和治乱的成绩。

《淮南子》根据天、地、人“三才”的顺序，构建了“道——天道（地道）——人道”的思想脉络。“道”在《老子》中共出现七十四次，是老子提出的最高哲学概念，是道家学派思想的核心。《老子》说“道生一，一生二，二生三，三生万物”，强调了“道”的本始地位，是世界观、人生观和政治论的统摄。《淮南子》的“道”来源于《老子》，《原道》《道应》专门论述大道的精义，体现了自然和社会的规律，下面我们从宇宙观和人生观的角度来观照“道”的作用。

“道”是无所不在的，又是客观存在的。《原道训》说：

夫道者，覆天载地，廓四方，柝八极；高不可际，深不可测；包裹天地，禀授无形；原流泉浡，冲而徐盈；混

长沙马王堆1号汉墓帛画（摹本）
（湖南省博物馆：《长沙马王堆一号汉墓》，文物出版社，1973年）

混汩汩，浊而徐清。故植之而塞于天地，横之而弥于四海，施之无穷而无所朝夕；舒之幎于六合，卷之不盈于一握。约而能张，幽而能明；弱而能强，柔而能刚；横四维而含阴阳，纮宇宙而章三光；甚淖而滒，甚纤而微。

刘安以优美的韵文描述了道的特征：它覆盖天地，扩展至四面八方，高到没有边际，深到无法测量，能够包裹天地，施予万物；直立起来可以充满天地之间，横放下去可以布满四海；舒展起来可以笼罩上下四方，卷拢起来却不满一把，累迭起来不会增高，摧毁它而不会倒下；使它增加而又不见多，使它削弱而又不减少；砍削它而不会变薄，杀戮它而又不会伤残；挖凿它而又不见深，堵塞它而又不会变浅。因此，“道”在空间上包容一切，在时间上是无穷无尽的。《淮南子》说“甚淖而滒，甚纤而微”，说“道”的柔弱和细微，揭示了“道”是客观存在的，这与《老子》“视之不见”“搏之不得”的难以把握的“道”有所区别。

“道”是宇宙万物的起源。《原道训》说“道者，一立而万物生矣”，道是万物产生的根源。《天文训》说：

> 天地未形，冯冯翼翼，洞洞灟灟，故曰太昭。道生虚廓，虚廓生宇宙，宇宙生气，气有涯垠，清阳者薄靡而为天，重浊者凝滞而为地，清妙之合专易，重浊之凝竭难，故天先成而地后定。天地之袭精为阴阳，阴阳之专精为四时，四时之散精为万物。积阳之热气生火，火气之精者为日；积阴之寒气为水，水气之精者为月。日月之淫为精者为星辰。……天之偏气，怒者为风，地之含气，和者为雨，阴阳相薄，感而为雷，激而为霆，乱而为雾。阳气胜则散而为雨露，阴气胜则凝而为霜雪。

宇宙的生成模式是：太昭—虚廓—宇宙—（元）气—（天地）阴阳—四时—万物。“太昭”和“虚廓”是宇宙生成之前的混沌状态，呈现出虚无的特点。宇宙产生，元气充盈，时间有短长、空间有边际，那么宇宙就是“有”了。“元气”是从“无”

西安交通大学西汉壁画墓中的日形与云气

向“有”转变过程中的重要阶段。元气有清浊，于是就分成天地。“精气”是“元气”的精微，天地的精气融合而产生阴阳；阴阳既分，四时和万物随之产生。正是在元气的积累和激荡下，日月星辰、风雨雷电随之形成。《精神训》说“烦气为虫，精气为人”，说明了万物产生的过程中，人和动物有了分野，人是万物的精华，突出了人的价值。

“道”是宇宙万物的主宰。《缪称训》称“道者，物之所导也”，《原道训》说“山以之高，渊以之深；兽以之走，鸟以之飞；日月以之明，星历以之行；麟以之游，凤以之翔”，“道”无所不能，高山深渊的形成、飞禽走兽的纵横、日月星辰的运行，都是“道”主宰的结果。《原道训》又说：

夫无形者，物之大祖也；无音者，声之大宗也。其子为光，其孙为水，皆生于无形乎！夫光可见而不可握，水可循而不可毁。故有像之类，莫尊于水。出生入死，自无蹠有，自有蹠无，而以衰贱矣。……是故视之不见其形，听之不闻其声，循之不得其身；无形而有形生焉，无声而五音鸣焉，

**无味而五味形焉，无色而五色成焉。是故有生于无，实出于虚。**



无形生有形，因此无形成为万物的最高祖先；无音生有音，无音便成为声音的老祖宗；所以看不到它的形体，听不到它的声音，摸不到它的身子。无形的“道”产生了有形的万物，无声之处有五音迭奏，无味之处有五味杂陈，无色之处有五色构成。所以，有从无中产生，实物从虚无中产生。总之，“道”主宰着宇宙万物，却又不能通过感觉和表象来把握。

“道”是无所不在的客观存在，孕育了宇宙万物，天地、日月、四时、雷电、雨露，以至人类。《天文训》的“道始于一，一而不生，故分而为阴阳，阴阳合和而万物生。故曰一生二，二生三，三生万物”，正是对“道”生万物的抽象总结，因此冯友兰指出《天文训》是一部极有系统的宇宙论，对于天地万物的发生，皆有系统的解释，中国哲学的宇宙论也因此具有了较完整的规模。

## 4.治政做人的观照

“道”是自然和社会的统摄，既是宇宙万物产生演变的动力，又是治政做人的根本。“道”的本质体现为自然规律，顺应“道”的就能成功，违背“道”的必将失败。《老子》说“圣人处无为之事，行不言之教”，“我无为而民自化”，“圣人无为故无败”，“民之难治，以其上之有为，是以难治”，老子说圣人秉持“无为”“不言”的态度，而百姓自然得到教化，“有为”是导致纷争的根本；《庄子·知北游》说“天地有大美而不言，四时有明法而不议，万物有成理而不说”，天地万物具备最佳的美丽、规律和道理，却不用语言表达出来。圣人“无为”，就是取法天地，不胡作妄为，因此要学习圣人实施“无为而治”的政治思想和秉持“清静无为”的人生观。

自然规律是客观存在的，统治者要按照自然规律的要求治理国家。《原道训》说“天下之事不可为也，因其自然而推之；万物之变不可究也，秉其要归之趣”，强调万事万物要始终遵循自然规律。《原道训》还进一步强调了自然规律的普遍性，说：

夫萍树根于水，木树根于土；鸟排虚而飞，兽蹠实而走；蛟龙水居，虎豹山处，天地之性也，两木相摩而然，金火相守而流；员者常转，窾者主浮，自然之势也。是故春风至则甘雨降，生育万物；羽者妪伏，毛者孕育；草木荣华，鸟兽卵胎；莫见其为者，而功既成矣。秋风下霜，倒生挫伤；鹰雕搏鸷，昆虫蛰藏；草木注根，鱼鳖凑渊，莫见其为者，灭而无形。木处榛巢，水居窟穴；禽兽有艽，人民有室，陆处宜牛马，舟行宜多水；匈奴出秽裘，于越生葛絺；各生所急，以备燥湿，各因所处，以御寒暑，并得其宜，物便其所。由此观之，万物固以自然，圣人又何事焉！

水生浮萍，土长树木，鸟翔天宇，兽走旷野，龙行水底，虎啸山岗，万物都依照天性生存。摩擦生火，火能熔金；空的能浮，圆的能转；自然的物理化学规律不可改变。这都是自然而然的道理。刘安又举了大量的现实现象，说万事万物自然能适应不同的环境，寻找到生存发展的空间。由此可以看出，事物本身是按照自然规律行事的，圣人又为什么要去改变呢？大禹治水，“因水以为师”，神农播谷，“因苗以为教”，圣人的行为本来是符合自然规律的。因此统治者治理国家，就不能违背自然的规律胡作非为，秦始皇征伐六国、徭役无已，最后导致了亡国覆家的结局。

《淮南子》的“无为”不是无所作为，而是顺势而为。《修务训》旗帜鲜明地批评了无所作为的观念，说：

或曰：“无为者，寂然无声，漠然不动，引之不来，推之不往；如此者，乃得道之像。”吾以为不然。

有一种人认为“无为”就是没有任何声音和行动，这是消极的观点。按照这个观点，神农、尧、舜、禹、汤等圣人就不可能建功立业，人类社会就不能进步，岂不是很荒谬吗？接着刘安解释“无为”说：

若吾所谓无为者，私志不得入公道，嗜欲不得枉正术，循理而举事，因资而立，权自然之势，而曲故不得容者，事成而身弗伐，功立而名弗有；非谓其感而不应，攻而不动者。若夫以火熯井，以淮灌山，此用己而背自然，故谓之有为。若夫水之用舟，沙之用鸠，泥之用輴，山之用蔂，夏渎而冬陂，因高为田，因下为池，此非吾所谓为之。

一己的私欲不能妨害公道，根据自然规律办事，有所成就而不据为己有。究其核心，“无为”是“权自然之势”，“有为”是“用己而背自然”，说明两者的分野在于是否遵循客观规律。《诠言训》说：

何谓无为？智者不以位为事，勇者不以位为暴，仁者不以位为惠，可谓无为矣。

“无为”就是聪明的人不凭借自己的职位行事，勇敢的人不利用职位施行暴虐，仁惠的人不拿官位推行恩惠。刘安不排斥政治和官僚制度，甚至认为它们是必要的，只是不要以权力来胡作妄为罢了。

刘安在《原道训》中也有关于“无为”“无不为”“无治”“无不治”的重要论述：

是故圣人内修其本而不外饰其末，保其精神，偃其智故，漠然无为而无不为也，澹然无治而无不治也。所谓无为者，不先物为也；所谓无不为者，因物之所为也。所谓无治者，不易自然也；所谓无不治者，因物之相然也。

圣人要修养内心的根本，而不是粉饰外面的末节，保养他的精神，放弃他的巧智，寂静无声地不违背自然行事，就没有什么事情是办不成的。淡泊得好像不治理任何事情，但是没有事情是没有得到治理的。“无为”是不抢在事物规律呈现之前作为；“无不为”是顺应万物的规律行动；“无治”是不改变事物的自然特性；“无不治”是适应万物的自然变化规律。总之，“无为”“无不为”“无治”“无不治”的根本，就是遵循客观规律。推广到政治上，《主术训》说“人主之术，处无为之事，而行不言之教，清静而不动，一度而不摇，因循而任下，责成而不劳”，依照自然规律而取得治理的成功，这正是《淮南子》政治思想的核心。

政治上的“无为而治”是以清静无为的人生观为基础的。老子说“淡泊无为，蹈虚守静，出入经道”，《淮南子》发挥《老子》的指意，《人间训》说“清静恬愉，人之性也”，要求在为人处世上崇尚无为，顺乎自然。刘安说，“无为为之而合于道，无为言之而通乎德，恬愉无矜而得于和，有万不同而便于

汉宗庙礼仪之官“奉常之印”封泥
（东京国立博物馆藏）

性，神托于秋毫之末，而大宇宙之总”，“天下之事，不可为也，因其自然而推之。万物之变，不可究也，秉其要归之趣”，“得在时，不在争；治在道，不在圣”。刘安要求人们什么也不用做，秉持无为的态度，就能合乎自然的规律。他批评了后天的嗜欲破坏了先天的本性，《齐俗训》说“河水欲清，沙石濊之；人性欲平，嗜欲害之”，《俶真训》说“水之性真清，而土汩之；人性安静，而嗜欲乱之”，因此他对儒家的仁义礼乐颇为不满，《齐俗训》说：

> 率性而行谓之道，得其天性谓之德。性失然后贵仁，道失然后贵义。是故仁义立而道德迁矣，礼乐饰则纯朴散矣，是非形则百姓眩矣，珠玉尊则天下争矣。凡此四者，衰世之造也，末世之用也。

仁和义是性和道丧失的结果，正是因为本性的缺失，才需要礼乐的文饰，这是衰乱之世的产物，因此说明儒家道德观念的产生正是人的自然属性丧失的结果。

## 5.文艺思想的探索

《淮南子》在文艺创作思想和理论的探索上，也取得了重要的成就，根据党圣元《〈淮南子〉的艺术创作论和审美鉴赏论》的研究，主要涉及对“和”的概念的强调、创作与情感的关系、自由与法度的关系、形与神的关系、审美者的修养等问题。

《淮南子·览冥训》说“至阴飂飂，至阳赫赫，两者交接成和，而万物生焉”，指出“阴阳调和”是万物生成的基本条件。“和”也是乐学理论的核心。自从周公制礼作乐后，传统文明的核心是礼乐，礼要求秩序分明，乐强调万物和谐。上古以来，歌、舞、乐呈现三位一体的关系，彼此配合、互不分离。《吕氏春秋·古乐》说“昔葛天氏之乐，三人操牛尾，投足以歌八阕：一曰载民，二曰玄鸟，三曰遂草木，四曰奋五谷，五曰敬天常，六曰建帝功，七曰依地德，八曰总禽兽之极”，这记载的就是上古的一个祭祀过程，属于礼仪活动，且歌、舞、乐同时进行。自从儒家尊崇的圣人周公制礼作乐之后，先秦的儒家学者重视礼乐，而“乐”的使用要约束在“礼”的范围，并为“礼”所制约，比如《诗经》的“三颂”（《周颂》《鲁颂》《商颂》）就是宗庙祭祀的献歌。先秦儒家讨论的“礼”“乐”关系，实际上演变成政治与文艺的关系了。《淮南子》重视音乐的研究，《本经训》说“夫人相乐，无所发贶，故圣人为之作乐以和节之”，即刘安认为古代的音乐来源于人们的快乐无所排解，圣人创作音乐进行和谐而节制的释放，说明艺术创作来源于人们生产、生活的需要。

四川出土汉舞蹈画像砖
（高文：《四川汉代画像砖》，上海人民美术出版社，1987年）

《淮南子》重点强调了创作与情感的关系。荀子说“乐者，乐也，人情之所必不免也”（《荀子·乐论》），说明音乐的创作是人情感的自然流露，强调情感是创作的动力，使情感摆脱了政治性伦理道德的束缚。艺术创作本质上是情感的释放。《淮南子·本经训》说：

凡人之性，心和欲得则乐，乐斯动，动斯蹈，蹈斯荡，荡斯歌，歌斯舞，歌舞节则禽兽跳矣。人之性，心有忧丧则悲，悲则哀，哀斯愤，愤斯怒，怒斯动，动则手足不静。人之性，有侵犯则怒，怒则血充，血充则气激，气激则发怒，发怒则有所释憾矣。故钟鼓管箫，干戚羽旄，所以饰喜也。衰绖苴杖，哭踊有节，所以饰哀也。兵革羽旄，金鼓斧钺，所以饰怒也。必有其质，乃为之文。

徐州楚王墓舞蹈俑

意思是人都有喜怒哀乐的感情，并且有表现的欲望，歌、舞、乐都是人的心灵活动的记录。当一个人有内在的喜悦情感冲动，到了压抑不住的时候，就会奏响欢乐的音乐、发出美妙的歌声、跳起欢快的舞蹈。歌、乐、舞不过是传达快乐的媒介，而人强烈的喜悦情感才是根本性的决定要素，也就是说，主体内在的情感是完整艺术审美过程的发生和形成的根本原因。

文艺作品的审美价值主要体现在其所凝聚的情感上。《修务训》说“故秦楚燕魏之歌也，异转而皆乐，九夷八狄之哭也，殊声而同悲，一也。夫歌者乐之徵也，哭者悲之效也，愤于中而应于外，故在所以感”，不同地域的音乐在感动人心的效果方面是一致的，正是因为其中激荡着情感；《缪称训》说“宁戚击牛角而歌，桓公举以大政；雍门子以哭见，孟尝君涕流沾缨。歌哭，众人之所能为也，一发声，入人耳，感人心，情之至者也”，唱歌和哭泣是每个人都会的技能，但有的人能够感动人心，正是内心感情充盈的缘故。尽管由于地域和民族的不同、不同地区的文化有所差异，但用音乐表达情感是人类共有的。音乐正是本源于内心真实情感的流露，是“情之至”的产物，所以艺术创作必须以“情之至”为根本。

文艺创作固然以内在的情感为主，但外在的表现形式也不可忽视，这就涉及“情”与“文”的关系。《缪称训》说“文者，所以接物也，情系于中，而欲发外者也。以文灭情则失情，以情灭文则失文，文情理通，则凤麟极矣”，意思是文艺是用来交接万物的，感情蕴含其中便要显露出来，用文艺湮灭感情就会失去真情，用感情湮灭文艺就会失去文艺。文艺和感情条达通畅，凤凰和麒麟就会来临。这说明文艺作品要与客观的事实相符合，内心酝酿的情感已久到不得不发的时候，此时的作品最有感情，成功的作品要求“文”“情”兼备，主观与客观相适应，过分强调某一方面，都是偏颇的，要达到“必有其质、乃为之文”的境界。

情感的释放又要有所节制。《泰族训》说“今取怨思之声，施之于弦管，闻其音者，不淫则悲。淫则乱男女之辨，悲则感怨思之气，岂所谓乐哉？”，如果不能节制情感，则会导致泯灭男女之别、引发怨愤之气的情形，这就不能称为“乐”，因为

“乐”的本质是中和。很显然，这里以儒家的观念为标准，但又不同意将艺术作为教化的工具，《俶真训》说“弦歌鼓舞，缘饰诗书”是为了“买名誉于天下”，反对儒家将情感审美功利化的做法。

《淮南子》注重审美者的独创作用。《淮南子・汜论训》说：“譬犹不知音者之歌也，浊之则郁而无转，清之则燋而不讴。及至韩娥、秦青、薛谈之讴，侯同、曼声之歌，愤于志，积于内，盈而发音，则莫不比于律而和于人心，何则？中有本主以定清浊，不受于外而自为仪表也。”韩娥、秦青、薛谈、侯同、曼声都是古代著名的歌唱家，他们以美妙的歌声获得听众的认同，正是“愤于志，积于内”，属于内心的意志积累奋发的产物。《说山训》说“画西施之面，美而不可说；规孟贲之目，大而不可畏，君形者亡焉”，没有感情的充盈，虽然对象很美丽或勇猛，但不能打动人心。《主术训》说“有充于内而成像于外”，指出内心充盈着活跃的情感，才能产生有价值的艺术作品。因此既要“中有本主”，要求心中有根本的主宰，内心充盈情感的力量；又要“自为仪表”，强调创作者的独创性，建立自己的独特风格。“中有本主”和“自为仪表”的关系，就是创作者的主体性和独创性的结合，主体性是独创性的前提。

《淮南子》也论述了创作过程中自由与法度的关系。《孟子・离娄》说“不以规矩，不能成方圆”，规矩是方圆的基础，《孟子・尽心》说“梓匠轮舆能与人规矩，不能使人巧”，要达到巧妙又要超越基本的规矩；《庄子・天道》说“不疾不徐，得之于手而应之于心”，《庄子・达生》说“工倕旋而盖规矩，指与物化而不以心稽”，强调了在精熟法度的基础上技艺达到自由的状态。《淮南子》对熟练掌握对象法度达到自由创造的人物表达了赞赏，《齐俗训》说：



故剞劂销锯陈，非良工不能以制木；炉橐埵坊设，非巧冶不能以治金。屠牛吐一朝解九牛，而刀以剃毛；庖丁用刀十九年，而刀如新剖硎。何则？游乎众虚之间。若夫规矩钩绳者，此巧之具也，而非所以巧也。故瑟无弦，虽师文不能以成曲，徒弦，则不能悲。故弦，悲之具也，而非所以为悲也。若夫工匠之为连钒，运开、阴闭、眩错，入于冥冥之眇，神调之极，游乎心手众虚之间，而莫与物为际者，父不能以教子；瞽师之放意相物，写神愈舞，而形乎弦者，兄不能以喻弟。今夫为平者准也，为直者绳也。若夫不在于绳准之中，可以平直者，此不共之术也。故叩宫而宫应，弹角而角动，此同音之相应也。其于五音无所比，而二十五弦皆应，此不传之道也。

那些制木的良工、冶金的巧匠、屠牛的庖丁等，都能掌握对象的法度，因此能够游刃有余，自由创造。艺术创作不能没有基础的“规矩钩绳”，这是技艺巧妙的工具，而不是巧妙的原因，如果没有这些工具，则再杰出的创作主体也难以有所作为。因此，创作者进入自由的创作境界后，对法度规律有了精熟的把握，在自由的发挥中有所超越，在法度的限制中有所创造，其中的关键是创作者的自如运用，这需要长期的文艺创作实践过程的培养。

《淮南子》第一次从形与神的角度讲述文艺和文艺创作的关系。《庄子》从本体论的角度论述形神，提出“形残而神全”，这是为“道”的主体性张本。《荀子》提出“形具而神全”，肯定神对形的依赖关系，强调形神兼备。《淮南子·原道训》说：“夫形者，生之舍也；气者，生之充也；神者，生之制也，一失位则三者伤……今人之所以眭然能视，營然能听，形体能抗，而百节可屈伸，察能分白黑，视丑美，而知能别同异，明是非者，何也？气为之充，而神为之使也。”《精神训》说：“精神盛而气不散矣。精神盛而气不散则理，理则均，均则通，通则神，神则以视无不见，以听无不闻，以为无不成也。”将人的生命划分为形、气、神三方面，形指人的身体，气指人的血气，神指人的内在精神，神为形之主。形神关系反映在文艺作品中，就是要求创作重在传神。《说山训》说：“画西施之面，美而不可说；规孟贲之目，大而不可畏，君形者亡焉。”所谓“君形者”指主宰形之神，西施的面目很美，孟贲的眼睛很大，但不能让人产生愉悦和畏惧的感受，主要是作者只是突显他们外在的“形”，却未能表现出内在的“神”，只有外表没有内涵，因此艺术表现重在传神，而不能徒具外表。而传神的关键是创作主体的精神情感的呈现，《览冥训》说：“昔雍门子以哭见于孟尝君，已而陈辞通意，抚心发声，孟尝君为之增欷嘘唈，流涕狼戾不可止。精神形于内而外谕哀于人心，此不传之道。”正是雍门子内心积蓄了痛苦，表现在声音上，才能打动人，这是真实情感的表露，因此具有震撼人心的力量。

《淮南子》不仅关注创作者的精神情感状态，而且关注鉴赏者的审美差异。《齐俗训》说“夫载哀者，闻歌声而泣；载乐者，见哭声而笑。哀可乐者，笑可哀者，载使然也”，鉴赏者的精神情感状态对客体的现实表现具有消解作用；《缪称训》说“心哀而歌不乐，心乐而歌不哀”，而创作者的情感状态又能影响创作的表现形态。这种“哀”与“乐”对立的状态同时出现，说明对事物的认知取决于鉴赏者的情感状态，而不是客观对象的真实性。审美者的主观情感色彩，对审美结果具有决定性的影响，客观的审美对象能够起到一定的激发作用，这个作用可能是正面的，也可能是反面的，但不具有决定性的作用。

《淮南子》还指出鉴赏者必须具有一定的艺术修养，才能把握审美对象的美学意蕴。《泰族训》说“六律具存而莫能听者，无师旷之耳也”，审美的对象是客观存在的，但审美者如果没有足够的修养功夫，未必能够辨别对象的优劣和高下。《人间训》说：“夫歌《采菱》、发《阳阿》，鄙人听之，不若此《延路》《阳局》。非歌者拙也，听者异也。”阳春白雪的高雅之调，俗人听了，认为不如下里巴人的通俗之乐，这是审美者的修养局限的缘故。因此，审美者要把握审美对象，必须具有一定的文艺修养，才能体会审美对象的内在意蕴，从而明确创作者的主观表达。

《淮南子》的文艺创作思想和审美鉴赏理论的共同点是强调主体的作用，既包括文艺创作的主体，也包括文艺鉴赏的主体。儒家的文艺理论强调“温柔敦厚”，要求温和委婉的讽刺，道家的文艺理论强调“虚静”“坐忘”，忘记自己而与万事万物融合为一，那么刘安对个体意识的强调，显然是文艺思想的重要进步，反映了个体追求人格精神完善的愿望。主体性的突出与刘安的神仙思想也有关联。神仙思想的出现，体现了个体生命意识的觉醒，当人意识到自己是独立的生命个体时，就会努力摆脱天帝、君王和祖先的附庸地位，开始思考生命的价值和生存的意义。生死是生命意识的核心，当人们意识到死亡的不可避免性，那么就会选择与自然抗争，传说中活了八百岁的彭祖因而成为人们艳羡的对象，人们开始相信神仙世界的永恒，于是求仙问药的行动应运而生。

## 6.科学技术的辉煌

《淮南子》的科技思想，总结了当时科学技术的辉煌成就，在中国科技史上占有重要的地位。《淮南子》涉及的科学技术非常丰富，天文地理、物理化学、农学水利、气象气候等无所不包，专门设立《天文训》《地形训》和《时则训》讲天文、地理和时节，《要略》说“天地之理究矣”，说明天文、地理是刘安最关注的对象。

（1）天文学

《淮南子·天文训》保存了大量天文学的研究成果。刘安将宇宙的起源归结于道，道始于太虚，生成元气，散为阴阳，形成日月，分为四时，这些不属于具体的天文学问题，而是宇宙起源的哲学问题，尽管不符合自然科学的本真，但是反映了当时人的认知程度。在具体的天文学中，刘安全面论述了宇宙的五星、二十八宿等天体运行的天文知识，根据天象确定了二十四节气、干支纪年等历法知识，八风等气象知识，五音、十二律等音律知识。

《淮南子》将天空分成九个部分，称为“九野”，中央叫钧天，东方叫苍天，东北叫变天，北方叫玄天，西北叫幽天，西方叫颢天，西南叫朱天，南方叫炎天，东南叫阳天。天空的星辰共有二十八宿，分布在九野之中，对应的情况是：钧天有角、亢、氐，苍天有房、心、尾，变天有箕、斗、牵牛，玄天有须女、虚、危、营室，幽天有东壁、奎、娄，颢天有胃、昴、毕，朱天有觜嶲、参、东井，炎天有舆鬼、柳、七星，阳天有张、翼、轸。二十八宿起源很早，1979年湖北随州出土的一个箱盖，已绘有二十八宿星图，那么至迟在战国初期已经形成了二十八宿。二十八宿由“四象”统辖，“四象”即东苍龙、西白虎、南朱雀、北玄武（龟蛇合体），由五种动物组合成四组灵物，具有不同的方位和颜色。传统的四象二十八宿是：东方苍龙七宿，角亢氐房心尾箕；北方玄武七宿，斗牛女虚危室壁；西方白虎七宿，奎娄胃昴毕觜参；南方朱雀七宿，井鬼柳星张翼轸。《淮南子·天文训》明确地将天上的星宿与地上的郡国、州相对应，称为“分野”：“星部地名，角、亢郑，氐、房、心宋，尾、箕燕，斗、牵牛越，须女吴，虚、危齐，营室、东壁卫，奎、娄鲁，胃、昴毕魏，觜嶲、参赵，东井、舆鬼秦，柳、七星、张周，翼、轸楚。”实际上，二十八宿方位与各国方位，本来不一致；其次序从中部的郑、宋开始，从东北的燕和东南的越、吴、齐一同北行，东移再西行而向中部的卫、鲁、魏前进，到了北方的赵；西行经秦，又达中部的周，而终于南方的楚。因此二十八宿的次序，是以日月五星运行路线的各国次序分配于各国的，体现了占星术的意图。后来的占星家通过观察天上星辰的变化，来判断地面的情况，《后汉书·天文志》记载：“孝安永初元年五月戊寅，荧惑逆行守心前星。八月戊申，客星在东井、弧星西南。心为天子明堂，荧惑逆行守之，为反臣。客星在东井，为大水。是时，安帝未临朝，邓太后摄政，邓骘为车骑将军，弟弘、悝、阊皆以校尉封侯，秉国势。司空周章意不平，与王尊、叔元茂等谋，欲闭宫门，捕将军兄弟，诛常侍郑众、蔡伦，劫刺尚书，废皇太后，封皇帝为远国王。事觉，章自杀。东井、弧皆秦地。是时羌反，断陇道，汉遣骘将左右羽林、北军五校及诸郡兵征之。是岁郡国四十一县三百一十五雨水。四渎溢，伤秋稼，坏城郭，杀人民，是其应也。”我们熟悉的《三国演义》记载：“蒯良谓刘表曰：‘某夜观天象，见一将星欲坠，以分野度之，当应在孙坚。’”诸葛亮夜观星象便是鲜活的例证。

湖北随州曾侯乙墓出土“二十八宿”箱盖

《淮南子》第一次对二十四节气进行了科学的总结和完整的记载。大家熟知的二十四节气，即冬至、小寒、大寒、立春、雨水、惊蛰、春分、清明、谷雨、立夏、小满、芒种、夏至、小暑、大暑、立秋、处暑、白露、秋分、寒露、霜降、立冬、小雪、大雪。其中春分秋分、夏至冬至、立春立夏立秋立冬是表明季节的；大暑小暑、大寒小寒是表明气候的；雨水谷雨、大雪小雪是反映相关季节雨雪强度的；白露、寒露、霜降是反映气温的下降导致水汽的凝结的；小满、芒种表明农作物的耕种生长状况；惊蛰、清明反映动植物的活动。因此二十四节气既有鲜明的季节性，又有农事活动的实践性，是古人观察四季变化、寒暑更迭、雨雪霜露和作物变迁的经验总结。正是因为二十四节气有广泛的实用性，至今沿用不废。

二十四节气的定型经历了漫长的时间，商朝时就定出仲春、仲夏、仲秋和仲冬等四个节气。周朝时慢慢发展为八个节气，《左传》说："玄鸟氏司分者也，伯赵氏司至者也，青鸟氏司启者也，丹鸟氏司闭者也。"分、至、启、闭，指的是春分、秋分，夏至、冬至，立春、立夏，立秋、立冬。《管子》已经出现了大暑、中暑、小暑、大寒、中寒，始寒、冬至、夏至、春至、秋至等节气，有些在后来的发展中被摒弃了。直到秦汉年间，二十四节气已完全确立。《淮南子·天文训》根据北斗星运行的规律，在中国历史上第一次完整地记录了二十四节气的名称及其确定方法。

《天文训》说："两维之间，九十一度十六分度之五而升，日行一度，十五日为一节，以生二十四时之变。"我们知道，全年是三百六十五又四分之一天，"两维之间"正是四分之一周天，每个节气相隔十五日，全年共有二十四节气。确定节气的基本依据是北斗星的运行方向，根据斗柄的指向确定四季，"四立"是四季的开始，因此说"斗指子，则冬至"，冬至是一年的开端，现在也是重要的节日。

《淮南子》还将音乐的十二律与二十四节气相配，说“斗指子，则冬至，音比黄钟”，“加十五日指癸，则小寒，音比应钟”等，音乐与节气的配合，体现了人类活动与四时运行的联系，这在当时是普遍的观念。《礼记·乐记》说：“乐者，天地之和也；礼者，天地之序也。和，故百物皆化；序，故群物皆别。乐由天作，礼以地制。过制则乱，过作则暴。明于天地，然后能兴礼乐也。论伦无患，乐之情也；欣喜欢爱，乐之官也。中正无邪，礼之质也；庄敬恭顺，礼之制也。若夫礼乐之施于金石，越于声音，用于宗庙社稷，事乎山川鬼神，则此所与民同也。”人们制礼作乐，就是取法自然，遵循天地运行的秩序，协调世间万物的和谐。总之，《淮南子》的天文学体现了中国哲学的一个基本特征，就是“天人合一”。星辰的变化预示着人间的福祸，如《天文训》说：“荧惑常以十月入太微，受制而出行列宿，司无道之国，为乱为贼，为疾为丧，为饥为兵，出入无常，辩变其色，时见时匿。”荧惑就是彗星，古人认为彗星是不祥的东西，所到之处必有战乱，人类的行为也会引起星象的变化。《天文训》又说：“人主之情，上通于天，故诛暴则多飘风，枉法令则多虫螟，杀不辜则国赤地，令不收则多淫雨。”现实世界的刑罚暴虐、法律歪曲、屠杀无罪、命令不当，会引起狂风、蝗灾、干旱、雨灾。

《淮南子》包含着丰富的天文学知识，是中国天文学史上的宝贵资料，至今还有许多尚待破解的奥秘。

（2）地理学

《淮南子》的地理学汇集了《尚书·禹贡》《山海经》等先秦以来地理学研究的成就，《地形训》是专门研究地理的篇章，所谓“地形”，高诱《淮南子注》说“纪东西南北山川薮泽，地之所载，万物形兆所化育也”，共分为自然地理、经济地理和人文地理三个方面。

自然地理，是自然形成的客观地形事实。《地形训》说：

> 天地之间，九州八极，土有九山，山有九塞，泽有九薮，风有八等，水有六品。

这是对神州地形的基本分类。关于“九州”，就是被水包围的九块陆地。《禹贡》的“九州”是冀州、兖州、青州、徐州、扬州、荆州、豫州、梁州和雍州。《吕氏春秋·有始览》说：“何谓九州？河、汉之间为豫州，周也；两河之间为冀州，晋也；河、济之间为兖州，卫也；东方为青州，齐也；泗上为徐州，鲁也；东南为扬州，越也；南方为荆州，楚也；西方为雍州，秦也；北方为幽州，燕也。”“九州”属于传统中国的九个地域，实际上属于行政区划，有些州名一直沿用至今。《地形训》说“九州”：

> 东南神州曰农土，正南次州曰沃土，西南戎州曰滔土，正西弇州曰并土，正中冀州曰中土，西北台州曰肥土，正北泲州曰成土，东北薄州曰隐土，正东阳州曰申土。

刘安的九州比前人的九州显然大得多，是按照九宫图划分的。所谓九宫图，就是按照地方的观念以“米”字状分成八块，再加上中央，共得九块。战国末期齐人邹衍说：“所谓中国者，于天下乃八十一分居其一分耳。中国名曰赤县神州。赤县神州内自有九州，禹之序九州是也，不得为州数，中国外如赤县神州者九，乃所谓九州也。于是有裨海环之，人民禽兽莫能相通者，如一区中者，乃为州。如此者九，乃有大瀛海环其外，天地之际焉。”邹衍认为大禹的九州其实就是赤县神州，不过是大九州中的一州，另外还有八州。刘安的九州应当与邹衍的“大九州”类似。九州虽然大，另外还有“八殡”“八纮”“八极”，层层环绕，每层都有千里之遥，面积远大于九州。“土有九山”，九山即会稽、泰山、王屋、首（阳）山、太华、岐山、太行、羊肠、孟门，这些都是历史上的名山；“山有九塞”，九塞就是九个关口，即太汾、渑阨、荆阮、方城、殽阪、井陉、令疵、句注、居庸，都是战略险要之处；“泽有九薮”，九薮就是九个大湖，即具区（太湖）、云梦（洞庭湖一带）、阳纡、大陆、圃田、孟诸、海隅、巨鹿、昭余；“水有六品”，六水就是六条大江大河，即（黄）河水、赤水、辽（河）

长沙马王堆出土地图（摹本）（湖南省博物馆：《长沙马王堆一号汉墓》，文物出版社，1973年）

水、黑水、（长）江水、淮（河）水，除了赤水、黑水不详外，余已流淌至今。《淮南子》记载了境内四十余条重要水道的发源和流域，《禹贡》记载了三十七条，两者相同的不过十八条，数量之多超过以往任何的著录，这是因为秦朝大一统后，汉朝的统治区域大大地拓展，东北延伸到辽河流域，西北延伸到昆仑山系，因此《淮南子》反映了汉初人们所能达到的活动范围。

经济地理，是指提供植物、动物、矿物等适应人类生存的经济条件的地理形态。《地形训》说："东方之美者，有医毋闾之珣玗琪焉；东南方之美者，有会稽之竹箭焉；南方之美者，有梁山之犀象焉；西南方之美者，有华山之金石焉；西方之美者，有霍山之珠玉焉；西北方之美者，有昆仑之球琳琅玕焉；北方之美者，有幽都之筋角焉；东北方之美者，有斥山之文皮焉；中央之美者，有岱岳以生五谷桑麻，鱼盐出焉。"指出不同方向区域的优秀特产。汉末孔融赞美虞翻的易学说"东南之美者，非徒会稽之竹箭也"，用会稽竹箭来形容虞翻的易学，至于昆山之玉，更是后世文艺作品的常见意象；《地形训》又说，东方"其地宜麦，多虎豹"，南方"其地宜稻，多兕象"，西方"其地宜黍，多旄犀"，北方"其地宜菽，多犬马"，中央"其地宜禾，多牛羊及六畜"，说明了不同地域的作物和禽畜，反映了人们的生活、生产习惯。

人文地理，主要涉及不同地理条件下人们的外形特征、饮食习惯、文化习俗等情况。但实际上，古人讲地理，本质都是人文地理，因为人类活动无时无刻不与"地"发生关联。《地形训》说人的体形、愚智和寿命与地理有关，东方"其人兑形小头，隆鼻大口，鸢肩企行，窍通于目，筋气属焉，苍色主肝，长大早知而不寿”，南方“其人修形兑上，大口决眦，窍通于耳，血脉属焉，赤色主心，早壮而夭”，西方“其人面末偻，修颈卬行，窍通于鼻，皮革属焉，白色主肺，勇敢不仁”，北方“翕形短颈，大肩下尻，窍通于阴，骨干属焉，黑色主肾，其人蠢愚，禽兽而寿”，中央“其人大面短颐，美须恶肥，窍通于口，肤肉属焉，黄色主胃，慧圣而好治”。《地形训》又说“坚土人刚，弱土人肥，垆土人大，沙土人细，息土人美，秏土人丑”，不同的土质条件对人的性格、体形和美丑也有影响；“食土者无心而慧，食木者多力而奰，食草者善走而愚……食肉者勇敢而悍，食气者神明而寿，食谷者知慧而夭”，饮食的不同也影响人的性格、智慧和寿命。另外，不同地理环境也能影响人的性别、疾病、性情，《地形训》说：“土地各以其类生，是故山气多男，泽气多女，障气多喑，风气多聋，林气多癃，木气多伛，岸下气多肿，石气多力，险阻气多瘿，暑气多夭，寒气多寿，谷气多痹，丘气多狂，衍气多仁，陵气多贪，轻土多利，重土多迟，清水音小，浊水音大，湍水人轻，迟水人重，中土多圣人，皆象其气。”应该说，不同的地理环境影响人的体形、性格和气质，这是符合实际情况的，但与愚智和道德联系起来，则不免失之武断了。

《淮南子》所开创的研究内容和方法独树一帜，为历代史学家所继承，从班固《汉书·地理志》开始，历代正史中凡有志的史书都开始设立地理志。

## 7.炼丹求仙的妙伎

《淮南子》也是一部重要的方伎之书，具有浓厚的方术思想。《汉书·淮南衡山济北王传》说："淮南王安……招致宾客方术之士数千人，作《内书》二十一篇，《外书》甚众，又有《中篇》八卷，言神仙黄白之术，亦二十余万言。"可知宾客当中方术之士不在少数，一般认为《外书》和《中篇》即出自方士之手。《中篇》"言神仙黄白之术"，主要讲神仙术、延命方，《中宝》《枕中鸿宝苑秘书》是它的别名，事实上《内篇》的"养生""全性"与其相似，如《精神训》说"轻天下，

汉代鎏金铜器上的山岳灵兽图像

则神无累矣；细万物，则心不惑矣；齐死生，则志不慑矣；同变化，则明不眩矣”，“人大怒破阴，大喜坠阳，大忧内崩，大怖生狂”，又如《诠言训》说“凡治身养性，节寝处，适饮食，和喜怒，便动静，使在己者得”，与方术思想息息相通。《淮南子》的方术主要是神仙黄白之术。黄即金、白即银，黄白之术就是指炼制金银的技术。《淮南子》的时代，已经讲究“服食求神仙”，所服的仙药就是由丹砂和金银炼制的。

传说刘安也是豆腐的发明者，南朝时期谢绰《宋拾遗录》说：“豆腐之术，三代前后未闻。此物至汉淮南王亦始传其术于世。”南宋朱熹也说：“种豆豆苗稀，力竭心已腐。早知淮南术，安坐获泉布。”这应该是淮南王善于炼丹而进行的附会，这种没有明确记载的民间传说，客观上反映了淮南王炼丹术的影响。

秦始皇派方士求仙问药，主要是自然生长的草木之药，而汉武帝炼丹求仙，却是人工炼制的矿物之药，淮南王的炼丹术正反映了两者过渡的趋势。

早在战国时期，神仙之说已经流行，《庄子》和《楚辞》都记载了神仙世界的图景。《庄子·逍遥游》说：“藐姑射之山，有神人居焉，肌肤若冰雪，绰约若处子，不食五谷，吸风饮露，乘云气，御飞龙，而游乎四海之外。”这里庄子塑造的神仙形象，外形优美，饮食的是风和露，车骑是云和龙，反映了早期人们对神仙的想象。《庄子·天地篇》又说：“千岁厌世，去而上仙，乘彼白云，至于帝乡，三患莫至，身常无殃。”《庄子·在宥篇》中广成子对黄帝说：“我修身千二百岁矣，吾形未尝衰。”这些神仙寿命长达千岁，外表却还没衰老，也没有灾祸降临。



屈原《离骚》的主人公上天入地、召唤各路神明，实际上也带有神仙的印迹：

驷玉虬以乘鹥兮，溘埃风余上征。朝发轫于苍梧兮，夕余至乎县圃。欲少留此灵琐兮，日忽忽其将暮。吾令羲和弭节兮，望崦嵫而勿迫。路漫漫其修远兮，吾将上下而求索。饮余马于咸池兮，总余辔乎扶桑。折若木以拂日兮，聊逍遥以相羊。前望舒使先驱兮，后飞廉使奔属。鸾皇为余先戒兮，雷师告余以未具。吾令凤鸟飞腾兮，继之以日夜。飘风屯其相离兮，帅云霓而来御。纷总总其离合兮，斑陆离其上下。吾令帝阍开关兮，倚阊阖而望予。

主人公驾驶四条龙的车和五彩的鹥鸟，来到了昆仑山的县圃，命驾驭的日神羲和不要急着靠近日落的崦嵫山。他的马在太阳洗浴的咸池饮水，又在太阳出来的扶桑启程。月神望舒、风神飞廉都伴随在他的前后，鸾鸟为他警戒前路，雷师为他准备用具。这里出现了大量的神话人物和地名，展现了屈原心目中的神仙世界。

《山海经》记载，海上有三座仙山，即蓬莱、瀛洲、方丈，山上有长生不老药。《史记·秦始皇本纪》载：“齐人徐市等上书，言海中有三神山，名曰蓬莱、方丈、瀛洲。”这是以前的神话式的记载。《史记·封禅书》：“自威、宣、燕昭使人入海求蓬莱、方丈、瀛洲。此三神山者，其传在渤海中，去人不远。患且至则船风引而去。盖尝有至者，诸仙人及不死之药皆在焉。其物禽兽尽白，而黄金银为宫阙，未至，望之如云；及到，三神山反居水下。临之，风辄引去，终莫能至云。世主莫不甘心焉。及至秦始皇并天下，至海上，则方士言之不可胜数。始皇自以为至海上而恐不及矣，使人乃赍童男女入海求之。船交海中，皆以风为解，日未能至，望见之焉。”蓬莱海域常出现的海市蜃楼奇观，越发地增加了该地的神秘感，所以最早的神仙方术之士，多来自燕齐滨海地带。

秦皇汉武是历史上著名的有雄才大略的皇帝，却也是对神仙术最痴迷的君主，正是这种痴迷，使他们受了方士的欺骗，给后人留下了笑柄。但秦始皇与汉武帝的求仙有所不同，一个重在问药，一个重在炼丹。

秦始皇的求仙问药，促成了焚书坑儒这样的文化史大厄。《史记·秦始皇本纪》载：“齐人徐市等上书，言海上有三神山，名曰蓬莱、方丈、瀛洲，仙人居之。请得斋戒，与童男女求之。于是遣徐市发童男女数千人，入海求仙人。”徐市入海求神药而不得，又怕受到始皇帝的谴责，欺骗秦始皇说“蓬莱药可得，然常为大鲛鱼所苦，故不得至”，于是秦始皇派人射杀巨鱼。可惜仙药本不存在，方士的谎话终于露馅，秦始皇大怒，迁怒于儒生，坑杀四百六十余人。长子扶苏力陈儒生与方士的不同，秦始皇便将他发配到边境地区做监军。

汉武帝对方士的宠信有过之而无不及，第一个得到宠信的方士是李少君。李少君是炼丹派的代表，说：“祠灶则致物，致物而丹砂可化为黄金，黄金成以为饮食器则益寿，益寿而海中蓬莱仙者可见，见之以封禅则不死，黄帝是也。臣尝游海上，见安期生，食巨枣，大如瓜。安期生仙者，通蓬莱中，合则见人，不合则隐。”李少君与秦始皇的方士共同的目的是见仙人，但指示的途径不同，秦始皇是派方士去求仙人，而汉武帝的方士是先炼丹成黄金，以此作为饮食的器皿，延长寿命，如此才能见到蓬莱的仙人。李少君“化去”后，汉武帝仍然乐此不疲，司马相如的《大人赋》描绘的仙人说“驾应龙象舆之蠖略逶丽兮，骖赤螭青虬之蚴蟉蜿蜒”，“低回阴山翔以纡曲兮，吾乃今目睹西王母？曤然白首，戴胜而穴处兮，亦幸有三足乌为之使”，迎合了汉武帝的内心需求，因此汉武帝看了“飘飘然有凌云之志”。从元光二年（公元前133年）派遣方士求仙，折腾到征和四年（公元前89年）才停止求仙，四十五年来一无所获，晚年的汉武帝忏悔道：“向时愚惑，为方士所欺，天下岂有仙人，尽妖妄耳，节食服药，差少病而已。”（《资治通鉴·汉纪》）但是汉武帝的忏悔并未完全引起子孙的警惕，《汉书·刘向传》载：“时宣帝复重神仙方术事，而向父德曾治淮南王刘安狱，得其《枕中鸿宝苑秘书》。向读而信之，以为黄金可成。帝令典尚方铸作事，方不验。下吏当死。”汉宣帝是汉武帝的曾孙，也重视神仙方术，刘德因参与刘安案件的调查，得到这部秘密的书，儿子刘向读了信以为真，向皇帝请命负责此事，可惜未能应验，差点丢了性命。汉宣帝是西汉继汉武帝之后最有作为的皇帝，尚且迷信，可见服药登仙对当时人的诱惑力。

陕西兴平呈仙山形的汉武帝李夫人墓

从秦始皇的仙药到汉武帝的炼丹，重要的过渡环节正是淮南王刘安的黄白之术。那么仙药派和炼丹派的奥秘是什么呢？葛洪本《神农四经》分入药之物为上、中、下三品：上药是升仙之药，能“令人身安命延，升为天神，遨游上下，使役万灵，体生毛羽，行厨立至”；中药是“养性”之药（即养生之药），虽不能仙，亦足以补虚羸，防病患，维持不死；下药是“除病”之药，只能消极治病。一般的求仙问药，指的是“上药”。秦始皇的仙药应该是“草木之药”，草就是草本植物，如甘菊等，木就是木本植物，如桂、松叶等。而汉武帝崇尚的炼丹，则指丹砂、黄金、白银、云母等矿物质。从淮南王开始，仙药主要指矿物质，后来的五石散，即指石钟乳、石硫黄、白石英、紫石英、赤石脂等，皆为矿物质。著名道士葛洪的仙药尤以丹砂、金银为主要原料，而且他认为人工炼制的丹药远胜于自然状态的丹砂和金银。因此黄白之术，就是炼制金银的技术。丹砂的主要成分是硫化汞，通过加热提炼出水银，这就是“丹砂为汞”；水银和硫黄化合生成黑色硫化汞，再加热升华恢复到红色硫化汞状态，这就是“还丹之术”。为什么要选择金银等矿物质作为养命延年的药物呢？这与古人的观念有关。他们认为，吃什么就变什么，或者是以形补形。草木一岁一枯荣，当然不如金石长久，因此葛洪说“服金者寿如金，服玉者寿如玉”。古人常将朱砂、水银作为防腐剂，一般是人死后用来防止尸体腐烂，古人依此类推，认为活着自然也可以防止人体变老，维持长生不死。

东汉初年的著名学者班固对神仙进行了总结，《汉书·艺文志》说：“神仙者，所以保性命之真，而游求于外者也。聊以荡意平心，同死生之域，而无怵惕于胸中。然而或者专以为务，则诞欺怪迂之文弥以益多，非圣王之所以教也。”可见神仙的本质在于养生保真，平心静气，淡化生死。东汉的神仙学派不仅托名黄帝，而且也神化了老子，到了东汉末年，老子已经成为道教祭祀的对象，《道德经》也成为道教的经典，张角的太平道和张鲁的五斗米道发动的起义，摧毁了东汉的统治，曹操等通过镇压黄巾起义成为新贵，对太平道和五斗米道恨之入骨，因道教奉老子为尊，因此曹操等新贵也禁止人们祭祀老子。直到曹魏正始年间，何晏的《道德论》和王弼的《老子注》出世，老子才重新引起士人的重视。

## 8.养生治病的法门

养生是传统贵族士大夫生活的重要主题，养生思想最早可以追溯到商代的巫师，但春秋战国的道家学派推动了养生的流行。

商代的巫师是沟通天、人的使者，也是文化的垄断者和传承者，身份极为尊贵。上古的“医”字很可能来自“巫”字，春秋时期“巫”“医”连言，如《论语·子路》载“南人有言曰：‘人而无恒不可以为巫医’”，《管子·权修》也有“好用巫医”，《山海经》涉及的“六巫”“十巫”皆是神医。古人认为巫咸是医术的发明者，还有一个巫彭，很可能是以医药养生而闻名的彭祖。彭祖在商代得到封地大彭，因此今天的徐州又叫彭城，彭祖也成了彭姓的始祖。传说彭祖寿达八百，是古人心目中的长寿之星。彭祖又叫“老彭”，古代神仙家习惯使用“老”字头衔。“老彭”是先秦古书中常常出现的名字，早在春秋时期的孔子说“述而不作，信而好古，窃比于我老彭”（《论语·述而》），说老彭是传播文化的学者，符合巫师的身份；二十世纪七十年代长沙马王堆出土的《十问》记载了彭祖的养生之说，说明最晚在汉代初期彭祖已经以养生闻名了。因此养生和治病都是从巫术之中孕育的，在发展过程中日趋专业和独立，最后巫术逐渐演变成旁门左道，为统治者所禁止。

最早流行的是以气养生。风是气的流动，风在甲骨文中往往与巫联系在一起，请风止风是巫师的重要职能之一，因此呼吸吐纳的运气方法是巫师必备的本领。商周之际的玉器中有一篇铭文，学者命名为《行气玉铭》，共四十五个字，讲真气在人体内运行的方法，最后归结为“顺则生，逆则死”。这篇铭文说明“行气”的出现和流行很早，并且作为延年益寿的方法使用，是后世以气养生的最早来源。《庄子·刻意》说：“吹响呼吸，吐故纳新，熊经鸟申，为寿而已矣；此道引之士、养形之人、彭祖寿考者之所好也。”“吹响呼吸，吐故纳新，熊经鸟申”，既有气又有形，讲的是导气令和、引体令柔，老彭的长寿正是得益于行气和养形。《淮南子·精神训》也有类似说法，“若吹响呼吸，吐故内新，熊经鸟伸，凫浴猿躩，鸱视虎顾，是养形之人也，不以滑心”，可见以气养生的源流。庄子心目中有三个超世绝尘的形象，即“真人”“神人”“至人”，这三个形象便是在巫师的原型上想象的神仙形象。“真人”能够“登高不栗，入水不濡，入火不热”，登上高处不战栗，蹈入水中不濡湿，踏入火中不惧烫；又说“神人”是“乘云气，御飞龙”，显然是神仙的本领；至于“至人”，吸收了“真人”“神人”的长处，庄子说“至人神矣！大泽焚，而不能热；河汉冱，而不能寒；疾雷破山、风振海，而不能惊。若然者，乘云气，骑日月，而游乎四海之外”，寒热不侵，风雷不惊，乘云腾气，日月为车，遨游宇宙，达到了逍遥的境界。

长沙马王堆出土导引图（摹本）
（《马王堆汉墓帛书导引图》，文物出版社，1979年）

“道”是养生的根本法则。《淮南子·精神训》说“夫精神者，所受于天也；而形体者，所禀于地也”，人的精神来自于天，人的形体来自于地。《老子》说“道生一，一生二，二生三，三生万物”，那么人体也是“道”的产物，必须遵循“道”的规律。

人和自然同是“道”的产物，结构上也有对应关系。《精神训》说：“故头之圆也象天，足之方也象地。天有四时、五行、九解、三百六十六日，人亦有四支、五藏、九窍、三百六十六节。天有风雨寒暑，人亦有取与喜怒。故胆为云，肺为气，肝为风，肾为雨，脾为雷，以与天地相参也，而心为之主。”头像天、足像地、四肢五脏对应四时五行，取与喜怒对应风雨寒暑，胆肺肝肾脾对应云气风雨雷，这种强行的对应尽管有胡拉乱扯的嫌疑，但也反映了当时人将人体与自然界视为一体的观念。



自然与人不仅在分布结构上对应，而且在形式表现上感应，实际上已经类似于董仲舒的“天人感应”。《精神训》说“日月失其行，薄蚀无光；风雨非其时，毁折生灾；五星失其行，州国受殃”，天地之中的日月星辰风雨尚且因过失而酿成灾祸，而人又怎能例外呢？因此淮南王警告说：“人之耳目曷能久熏劳而不息乎？精神何能久驰骋而不既乎？”要求把握耳目和精神的劳碌和驰骋节奏，给予足够的休息。

养生的根本是清静恬淡、清心寡欲。《原道训》说“人生而静，天之性也”，清静是人的天生本能；《精神训》说“天静以清，地定以宁，万物失之者死，法之者生”，清静也是天地的本质特征，万物只有取法清静才是生存之道。《老子》说“少私寡欲”，因此赡养生命要遵循清静恬淡的原则。《精神训》说“耳目精明玄达而无诱慕，气志虚静恬愉而省嗜欲，五藏定宁充盈而不泄，精神内守形骸而不外越”，人的五官、五脏和精气都能达到畅达、恬静和安宁的境界，却不为外界利欲所干扰，这才是人的本真状态，才能达到“道”的境界。《老子》说“不出户，知天下。不窥牖，见天道。其出弥远，其知弥少”，不出门外，就能够知道天下的事情。不望窗外，就能够了解自然的规律。而走出门越远，他知道的情况却越少。老子强调自我修养的工夫，重视凝神聚气的心智思考，因为心灵本是洁净透明的，具有洞察万物、看穿世事的智慧，所以能够达到对“道”的体认。外在纷繁复杂的事物，只会扰乱人的内心，萌生竞进和诈伪的行为，反而会丧失最初的纯真。

养生的关键是修养精神。《泰族训》说：“治身，太上养神，其次养形……神清志平，百节皆宁，养性之本也；肥肌肤，充肠腹，供嗜欲，养生之末也。”强调养生最根本的是精神修养，最不重要的是口腹之欲。世俗的享受是养生的累赘。《老子》说：“五色令人目盲；五音令人耳聋；五味令人口爽；驰骋畋猎，令人心发狂；难得之货，令人行妨。是以圣人为腹不为目，故去彼取此。”老子指出物欲横流的危害，提醒人们对于声色货利乃至口腹之欲，要加以节制，不可纵情任性、流连忘返，最终导致目盲、耳聋、口爽、心狂的后果。因此老子提倡“为腹不为目”，“为腹”即是基本的生存需求，而“为目”是在满足基本生存需求后所追求的感官享受和物质刺激，老子强调基本生存需求优先。《淮南子》继承了《老子》的说法，《精神训》说：“是故五色乱目，使目不明：五声哗耳，使耳不聪；五味乱口，使口爽伤；趣舍滑心，使行飞扬。此四者，天下之所养性也，然皆人累也。”指出沉湎五官的欲望是对天性的损害，世俗享受是养生的累赘。《淮南子》还警告道：“夫人之所以不能终其寿命而中道夭于刑戮者，何也？以其生生之厚。夫惟能无以生为者，则所以修得生也。”过分地追求养生反而会加速人的死亡，真正的养生只能是清静无为恬淡。

养生的目的是使人达到与自然和谐的境界，而不是长生不死。《淮南子·精神训》说：“譬吾处于天下也，亦为一物矣。……虽然，其生我也，将以何益？其杀我也，将以何损？夫造化者既以我为坯矣，将无所违之矣。”“吾生也有七尺之形，吾死也有一棺之土。吾生之比于有形之类，犹吾死之沦于无形之中也。”人生在世，本来与万物一样，都是自然的一分子，一定有生老病死的过程；人的生死，丝毫不能影响自然，正如从虚空中来到无形中去，因此要正确看待死亡的必然性，不必竭尽心力强求长生。《老子》说“夫唯无以生为者，是贤于贵生”，不过分看重生命的人，比过分看重生命的人高明，“贵生”的人不惜一切物力、人力保养生命，实际上得不偿失。

那么养生的方法是什么呢？《淮南子·诠言训》说：“凡治身养性，节寝处，适饮食，和喜怒，便动静，使在己者得，而邪气自不生。”起居有常，饮食适当，精神安定，运动适宜，这四者是养生的要求。养生既要保养形体，又要保养精神，《精神训》说：“故心者，形之主也；而神者，心之宝也。形劳而不休则蹶，精用而不已则竭，是故圣人贵而尊之，不敢越也。”形神使用要适当，不要过度劳累。淮南王刘安说“恬愉虚静，以终其命”，恬淡和虚静才是最根本的方法。

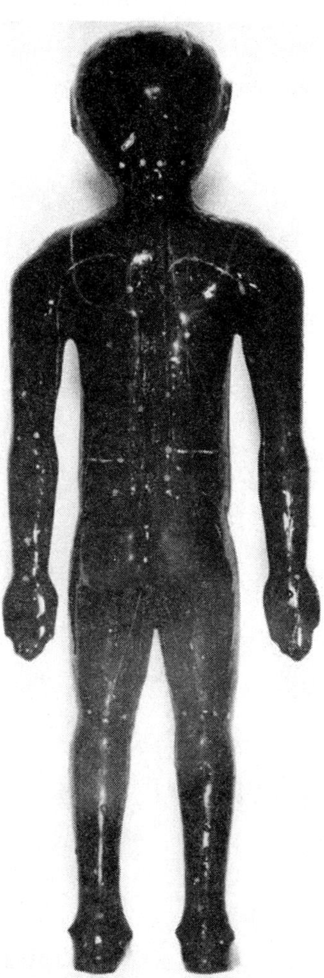

成都老官山出土人体经穴漆俑（谢涛等：《成都市天回镇老官山汉墓》，《考古》，2014年第7期）

养生与医药的关系，现存的《淮南子》并没有专门的论述。药物养生由来已久，秦始皇派徐福去求仙问药，属于以自然的草木之药养生；汉武帝让李少君在皇宫里炼丹，属于以人工合成的金石之药养生。《神农四经》分药为上、中、下三品：上药是升仙之药，据说能“令人身安命延，升为天神，遨游上下，使役万灵，体生毛羽，行厨立至”；中药是“养性”之药，虽不能仙，亦足以补虚羸，防病患，维持不死；下药是“除病”之药，只能消极治病。上药是神仙黄白之药，前文已论述；中药的“养性”，实质上就是养生，以预防为主；下药则是日常的治病之药。

刘安对“下药”的态度非常冷淡，因为当疾病来袭再开始用药，一切都已经晚了。《说山训》说“病者已倦而索良医，虽有扁鹊俞跗之巧，犹不能生也”，如果患者已病入膏肓，即使有扁鹊、俞跗这样精巧的名医，也是不能救活的；人们看重扁鹊，不是因为他能“随病调药”，而是他能知道疾病产生的根源。因此，刘安说“良医常治无病之病，故无病”，高明的医生能将疾病消灭在萌芽状态，换句话说，最佳的治病手段是将疾病扼杀在萌芽阶段，当病已经露出端倪，就已经晚了。从这个角度上来看，养生是治病的根本，不治本而逐末，那是下下之策了。

刘安对药物的功能也有较深的了解。譬如乌喙，又叫天雄、乌头，所含乌头碱是剧毒，但又号称“百药之长”，不仅能治疗各种疾病，而且还是兴奋剂和春药，所以刘安说“天雄、乌喙，药之凶毒也，良医以活人”；还有奚毒，也是毒药之最，刘安说“天下之物，莫凶于奚毒，然而良医橐而藏之，有所用也”，良医把奚毒视为宝物珍藏，必要的时候派上用场。“药毒一体”体现了中医辨证观的思路。

总体来说，刘安的养生思想，以老庄思想为根底，认为人是自然的产物，追求人与自然的和谐，要求形神兼养，核心是保养精神，充分认识生死的意义，抑制世俗的欲望，不强为、不枉为。

# 文本篇

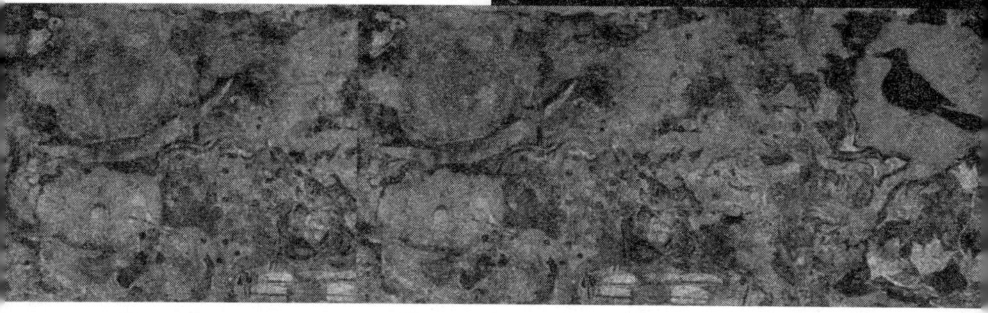

## 1.真伪羼杂的等身著作

刘安的作品，按照文献记载的署名情况，真可谓著作等身，但其中有不少属于后世伪托的，根据史书传记、史书目录和古人注引情况分析，真正可靠的有二十多种。从文献中刘安作品的著录和引用情况的变化来考察刘安著作不断增长的过程，便能够判断哪些是真实的，哪些是伪造的了。

一是史书传记的记载。《汉书》本传载“招致宾客方术之士数千人，作为《内书》二十一篇，《外书》甚众，又有《中篇》

河北定州中山王墓车马具图案中杂驳的珍禽异兽形象（摹本）（《中华人民共和国出土文物展》，西武美术馆，日本经济新闻社，1978年）

八卷，言神仙黄白之术，亦二十余万言”，这是指《淮南子》的内、中、外三篇。又说“使为《离骚传》，旦受诏，日食时上。又献《颂德》及《长安都国颂》”，提到了《离骚》《颂德》和《长安都国颂》。《汉书·刘向传》载“上复兴神仙方术之事，而淮南有《枕中鸿宝苑秘书》”，《枕中鸿宝苑秘书》实质上就是《淮南子》的中篇。《汉书·严助传》载“闽越复兴兵击南越。南越守天子约，不敢擅发兵，而上书以闻。上多其义，大为发兴，遣两将军将兵诛闽越。淮南王上书谏曰”，这是著名的《谏伐南越书》。

二是史书目录的记载。目录中记载刘安的著作甚是丰富，但也真伪夹杂、亟待辨析。《汉书·艺文志》记载《易》有“《淮南道训》二篇。淮南王安聘明《易》者九人，号九师说”，《乐》有“出淮南、刘向等《琴颂》七篇”，杂家有“《淮南内》二十一篇。王安。《淮南外》三十三篇”，赋家有“《淮南王赋》八十二篇。《淮南王群臣赋》四十四篇”，歌诗家有“《淮南歌诗》四篇”，兵权谋家有“省伊尹、太公……淮南王二百五十九种”，天文家有“《淮南杂子星》十九卷”。《隋书·经籍志》记载“《淮南子》二十一卷，汉淮南王刘安撰，许慎注；《淮南子》二十一卷，高诱注”，另载子部杂家类《鸿宝》十卷；子部五行类增《淮南万毕经》《淮南变化术》各一卷，《淮南中经》四卷，《淮南八公相鹄经》二卷；子部医方类有《淮南王食经》并目百六十五卷，大业中撰。《旧唐书·经籍志》载有八种，分别是：《淮南王万毕术》一卷，刘安撰；《淮南王食经》一百二十卷，诸葛颖撰；《淮南王食目》十卷；《淮南王食经音》十三卷，诸葛颖撰；《汉淮南王集》二卷；《淮南商诂》二十一卷，刘安撰；《淮南子注解》二十一卷，高诱注；《淮南鸿烈音》二卷，何诱撰。《新唐书·艺文志》载：许慎注《淮南子》二十一卷，淮南王刘安；高诱注《淮南子》二十一卷；又《淮南鸿烈音》二卷；《淮南王万毕术》一卷；诸葛颖撰《淮南王食经》一百三十卷；《音》十三卷；《食目》十卷；《淮南王安集》二卷。《隋志》以下的著录已多托名，其中《淮南王食经》及《音》明确标明为诸葛颖所作，属于后学的书；其他还有杨知玄《淮南王练圣法》一卷，《淮南王养蚕经》一卷等也属于这种情况。

三是古籍旧注的记载。《文选》李善注引用了淮南王的《庄子略要》，分布在谢灵运《入华子冈是麻源第三谷》、江淹《杂体诗三十首》之《许征君》、任昉《齐竟陵文宣王行状》等篇目中；张协《七命》中引用了淮南王的《庄子后解》；还有刘安的《招隐士》一篇，东汉王逸认为是淮南小山所作。

根据王云度《刘安评传》（南京：南京大学出版社，1997年版）的整理，属于刘安及其群臣宾客所作的书，可靠的共二十一种。我们将其分为三类：第一类是《淮南子》的《内篇》及其注解音读之书；第二类是《淮南子》的《中篇》，主要说神仙黄白之术，表现形式有《中宝》《枕中鸿宝苑秘书》《鸿宝》《淮南万毕经》《淮南变化术》等；第三类是其他著作，如为周易注解的《淮南道训》，属于文学类的《淮南王赋》《淮南王集》等诗文集、《淮南歌诗》《淮南群臣赋》《琴颂》等，还有《淮南杂子星》和《庄子略要》《庄子后解》等解析庄子的著作。

《淮南子》的伪书问题是一个有意义的现象。前面说的《相鹄经》《养蚕经》《食经》《草木谱》《练圣法》《灵棋经》等，都是伪托的作品。它们在《旧唐书·经籍志》中才有记载，因为《旧唐书·经籍志》是根据毋煚的《古今书录》编写的，但是毋煚完成此稿是在开元年间，说明至迟在开元年间，这些伪书不仅已经流传，而且被收入国家藏书了。

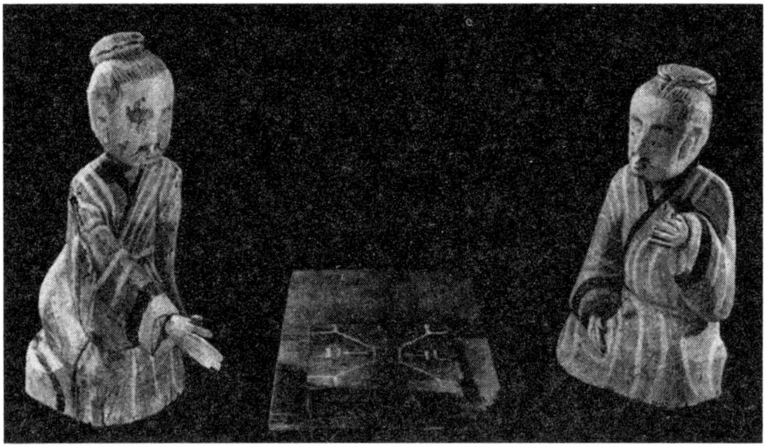

甘肃武威汉墓出土六博俑
（张朋川、吴怡如：《武威汉代木雕》，人民美术出版社，1984年）

因为淮南子成仙故事的流传，刘安成为后世求仙之人艳羡的对象，人们开始相信他得道成仙，一些道士、术士或文人儒生，便将与道教方技有关的事情假托到刘安身上。

我们常说诸葛亮是一个“箭垛”式的人物。“箭垛”是射箭时瞄准的草垛。民间将那些聪明的事迹都安排到诸葛亮的身上，以增加他的智慧，使他成为明相贤臣的代表。同样的，包公也具



有这样的特征，老百姓将所有关于清官好官的事迹移植到他的身

上，因此包公集中反映了民间对清官的渴望之情。胡适《〈三侠五义〉序》说："历史上有许多有福之人。一个是黄帝，一个是周公，一个是包龙图。上古有许多重要的发明，后人不知道是谁发明的，只好都归到黄帝的身上，于是黄帝成了上古的大圣人。中古有许多制作，后人也不知道究竟是谁创始的，也就都归到周公的身上，于是周公成了中古的大圣人，忙的不得了，忙的他'一沐三握发，一饭三吐哺'！这种有福的人物，我曾替他们取了个名字，叫'箭垛式的人物'；就同小说上说的诸葛亮借箭时用的草人一样，本来只是一扎干草，身上刺猬也似的插着许多箭，不但不伤皮肉，反可以立大功，得大名。包龙图——包拯——也是一个箭垛式的人物。古来有许多精巧的折狱故事，或载在史书，或流传民间，一般人不知道他们的来历，这些故事遂容易堆在一两个人身上。在这些侦探式的清官之中，民间的传说不知怎么选出了宋朝的包拯来做一个箭垛，把许多折狱的奇案都射在他身上。包龙图遂成了中国的歇洛克·福尔摩斯了。"诸葛亮、周公、包拯等人物毕竟是客观存在的，但如黄帝，倒是传说中的人物，一直到战国中期才出现在文献上，但后人有关中医的书籍，往往托附黄帝的名字，比如《黄帝内经》等。总之，这些箭垛式人物的特点是被放大的，但有着现实的依据，比如诸葛亮的"智"、包拯的"清"、黄帝的"圣"等，只是不断被增饰而已。实际上他们寄托了老百姓对这些聪明、清正的历史人物的喜爱。

那么，淮南王也是一个"箭垛"式的人物，举凡后代的伎艺，也安插到淮南子身上了。比如《相鹄经》是相鸟的、《养蚕经》是养蚕的、《食经》是吃饭的、《草木谱》应是辨认植物的、《灵棋经》是下棋的，至于《练圣法》，目前还没有定论。按照胡适的说法，淮南王刘安也是一个有福之人，与中医的黄帝，智慧的诸葛亮、清正的包拯一样，属于杂伎领域的代表。

## 2.严谨缜密的谋篇布局

《淮南子》书名原为《鸿烈》，依据是《淮南子·要略》说“此《鸿烈》之《泰族》也”，《要略》是《淮南子》的序言，因此淮南王称自己的书叫《鸿烈》。西汉末年，刘向负责校订整理《鸿烈》，此书才改名为《淮南》，并分为内、外篇。东汉大学者许慎作《淮南间诂》，属于解释《淮南》字词的书，说“鸿，大也；烈，功也。凡二十篇，总谓《鸿烈》”，他解释“鸿”和“烈”的字义，是巨大的功业。东汉后期的高诱给《淮南》作序说明作注的目的时说“鸿，大也；烈，明也；以为大明道之言也”，说“烈”是“明”，意即明道。东汉以后，又有人将《淮南》与《鸿烈》合在一起称为《淮南鸿烈》。总之，《淮南子》的早期书名繁多，直到唐初史臣编《隋书》，其中有一篇《经籍志》记载隋代以前藏书的书目，开始称此书为《淮南子》，流传至今。这是《淮南子》书名的演变过程。

《淮南子》全书除《要略》外，其余二十篇篇题皆有“训”字，如《原道训》《俶真训》《地形训》等。一般认为“训”字不是刘安著书时所加，很可能是高诱注《淮南子》时所加，当然对此相关学者也有不同的意见，有学者认为“训”即训解，是指每篇的作用就在于训解某种理论，那就属于刘安所加了。

《淮南子》的结构严谨、秩序井然、条理分明。从现存的《淮南子》可以推断，写作有明确的集体分工，事前确定了统一的提纲，然后由若干人分别撰写，最后有人加以贯通，并归纳全书写成提要。由于刘安本人才学甚高，他对于全书的编写和润色的功劳不可低估。全书共有专题论文二十篇，题目整齐，篇幅规模相当，内容互相联系、各有侧重，显示出极高的组稿和统稿水平。

根据各篇的内容归纳和总序性质的《要略》提示，二十篇论文的要点可以简述如下：

长沙马王堆3号汉墓中表现汉代宇宙观的帛画
（湖南省博物馆：《长沙马王堆一号汉墓》，文物出版社，1973年）

《原道训》是全书的总纲，主旨在于阐述“道”这一核心概念的特性、作用及其发展变化的规律，认为“道”是宇宙的本原和演化的动力，空间上无所不在，时间上无穷无尽，形态上无所不能。“道”的核心表现是“无为”，即顺应自然的形势而有所作为，这是君言治国修身的根本。

《俶真训》，俶指始，真指本真，意即道之本真的开始。文章接着《原道训》侧重讲“道”的历史变化，通过自然界的演变规律来认识人类社会的发展，尤其注重“人”与“道”的关系，指出道德与仁义的先后顺序，强调只有返璞归真，才能复兴道德，建立一个理想的社会。

《天文训》是一篇重要的天文学文献，论述了宇宙的起源路径、日月星辰的分布及运行规律、风雨雷电的形成原因等，也涉及二十四节气、“八风”和“五音”“十二律”等历法、气象和音乐方面的问题。

《地形训》是一篇重要的地理文献，以九州为中心，层层扩展到八殡、八纮、八极，体现了刘安“大九州”的观念；本篇还记载了九座大山、九个关塞、九个大湖和黄河、长江、淮河、辽河等四十余条重要的水道；文章还涉及农作物、矿产等经济地理情况；尤为重要的是，作者将地与人的关系相联结，认为生活在不同生存环境的人具有不同的风土人情、生理表现和心理特征。最后记载了分布于海外的三十六国。

《时则训》论四时运行的变化规律，是古人长期对天象、物候等四季规律观察和总结的产物，要求主政者施行法令要顺应时节。文中十二个月的月令，贯穿着“顺天而行，莫违天时”的精神，体现了天人相应的思维。

《览冥训》，览指观察，冥指幽冥，意即观览深微幽冥的道理。这是全书从自然向人事论述的转折，主要讲自然与人类之间相互联系、相互影响的复杂关系，指出人的意志必须符合客观规律，人类必须顺应大道、返归自然。

《精神训》是“生命论”哲学，论述了生命的起源、构成要素和价值以及养生之道的问题。人是由精气产生的，精神和形体来源于天地，因此气、神、形三者相互依存、相互影响，而以神为主。身体和五官都是效法自然的结果，因此人的一切行为受自然规律的制约。本篇着重强调了“养生”，在老庄豁达和豪放的生死观基础上，只有“轻天下、细万物、齐生死、同变化”，才能不为外物所牵累。

《本经训》，本指开始，经指不变之常，意即治乱得失的不变道理。文章认为长治久安的根本是掌握大道，天下混乱、国破家亡的原因，就在于统治阶级无穷无尽的嗜欲。

《主术训》指君主的治国之术，即论君主统治的道理。治国要实行“无为而治”，要遵循自然和社会规律。治国重在安民，“政苛则民乱”，为政宜简，不要多事扰民；治国要依靠大众的力量，“积力之所举，则无不胜也；众智之所为，则无不成也”；治国要量才而用、任人唯贤，“所任者得其人，则天下治，百姓附”“所任者非其人，则国家危，百姓乱”；治国要依靠法治，法律面前人人平等，“法定以后，中程者赏，缺绳者诛；尊贵者不轻其罚，而卑贱者不重其刑”；国君还要利用权势的力量达到以小制大的目的，“得势之利者，所持其小，其存甚大，所守甚约，所制甚广”。同时，君主要加强自身的修养，处处以身作则，做好示范榜样。

《缪称训》，缪指谬误、不同，称指借用、采用；意即借助同类事物来摈除错误的异说。文中首先论述了道德与仁义的关系，“道灭而德用，德衰而仁义生”，仁义是道灭德衰的产物。指出世界是可知的，天、地、人都有规律可循。把握祸福、轻重、德怨等的相互转化关系。圣人治政要“无所不用”。君子治国要善于“举贤”，要抛弃偏见、用其所长，广选人才、集合众力。

《齐俗训》，齐指齐同，俗指礼俗（礼节、习俗），意指看齐不同的礼俗。文章指出不同时代、不同地区的礼俗不同，都有其存在的基础及合理性，不能以某种礼法标准去统一，也不能强迫人们接受，要“入其国者问其俗，入其家者避其讳”。

《道应训》举例说明“道”的应验，是“道”的具体运用，属于《原道训》的续篇，但以寓言故事、对历史事例等对《原道训》进行形象化的解说。全篇共有五十余则，有近二十则见于《吕氏春秋》，近十则见于《庄子》，每篇结尾都以老子（或庄子）语录结尾。

《氾论训》广泛引用历史事例来阐明“道”的观点，即“博说世间、今古得失，以道为化，大归于一”。本篇强调文明是不断发展的，不宜盲目是古非今，说“先王之制，不宜则废之；末世之道，善则著之”，根据具体的情况利用文明的成果，“苟利于民，不必法古；苟周于事，不必循旧”，反映了发展变化的进步历史观。

《诠言训》，诠即就，诠言是就万物的宗旨说明它的特征，也就是详细阐明事理的言论。本篇的核心是“无为者，道之本也”，“无为”是“道”的本质要求，要做到“无为”，就得消除欲望、仁义和智慧，返璞归真，贻养天性。

《兵略训》属于军事理论，是先秦兵家军事思想的总结和创新。基本观点是战争起源于物质的匮乏，战争有正义与非正义的区别，只有正义的战争才能激励士兵、团结百姓，战争胜败的根本在于政治的清明与否，将领要根据客观条件灵活运用战争策略。

《说山训》《说林训》，说是指寓言箴语、历史故事等，山、林指如山如林那样众多，本篇是解说自然和社会中各种事理的箴言妙语。

《人间训》以大量的历史事例、寓言故事来论述人世间的各种互相对立的关系，以祸与福的关系为主，并涉及得失、损益、利害、功罪、取舍、毁誉、徐疾、赏罚、成败等内容，富于哲理性、充满辩证法。

《修务训》，修是勉励，务是趋向，意即勉励人们尤其是统治者奋发进取，为人民谋利益。本篇详尽阐析了“无为”思想的实质内涵，即按照自然和社会规律办事，并批判了庄子的消极“无为”，属于积极的“无为”，而“有为”是违背自然规律，将自己的意愿强加给别人。文章强调了学习的重要性，认为人必须学习才能成才，学习要能持之以恒，要培养独立的见解。

《泰族训》，族是聚集，泰族的意思是将古今万物的道理聚集在一起。本篇是全书的总结，集中论述了天道与人道的关系，认为“道”是客观存在的，是人类文明的根本，强调治国应遵循自然规律，做到无为而治。

《要略》是全书的总序和提要，详细阐述了本书的写作目的是“纪纲道德，经纬人事”，即以道与德为纲来讨论人世之事；写作原则是“言事”与“言道”并重，既避免空谈无根又避免就事论事；写作方法是“多为之辞，博为之说”，即反复言说，广泛称引。本篇还详细说明了二十篇的创作宗旨及相互之间的关系，体现了严密的结构体系。

总之，全书二十一篇，除《要略》属于全书的序言，其他二十篇基本按照天、地、人的顺序，分为三个部分：《原道训》《俶真训》是讲“道”的起源、特征及其在自然和社会发展中的规律，是全书的总纲；《天文训》《地形训》《时则训》主要讨论天文地理和四时运行的规律；《览冥训》《精神训》《本经训》讲自然的规律在养生、治政方面的应用；《主术训》《缪称训》《齐俗训》《道应训》《氾论训》《诠言训》《兵略训》讨论的是社会、政治的具体问题；《说山训》《说林训》属于寓言、箴言和故事的汇集；《人间训》《修务训》《泰族训》主要讨论人间的祸福等对立关系，强调积极的无为观。二十篇的安排章章相联，环环紧扣，构成了一个完美的整体。从内容上看，举凡宇宙、天地、四时、政治、经济、军事、社会、人生等社会生活的各个重要领域，基本都有涉及，因此具有百科全书的性质。

## 3.先秦经典的融会贯通

《淮南子》引用了大量的先秦文献，以道家文献为主，最多的是《老子》，其次是《庄子》，接着是《吕氏春秋》，当然也有《诗》《易》等儒家文献，《淮南子》的总结性价值也来源于对先秦经典的融会贯通。

（1）《淮南子》与《老子》

东汉高诱说《淮南子》“其旨近《老子》”，这是由《淮南子》的黄老思想决定的。《老子》是《淮南子》直接引用最多的文献，全书提及老子其人其事的有四处，直接引用《老子》的有七十七处，《道应训》一篇就有五十七处，数量之多冠绝全书。《道应训》属于一篇《老子》的研究文献，仿效《韩非子》的《解老》《喻老》而作，解即解释，喻即晓喻、明白，老即《老子》。许慎说《道应训》“道之所行，物动而应，考之祸福，以知验符也”，是讲老子之道的应验故事，曾国藩《淮南读书录》也说“此篇杂征事实，而证之以老子《道德》之言，意以已验之事，皆与昔之言道者相应也，故题曰‘道应’。每节之末，皆引《老子》语证之，凡引五十二处”。《道应训》的体例特点是侧重于以事证言，先引用一些事例，结以“故某某曰”，从而引出《老子》的判断。但是《淮南子》对《老子》的引用，不仅仅停留在简单的诠释上，而是注重发挥著者的思想体系。

《淮南子》注重对《老子》思想的诠释。如“道”的本质，《老子》二十五章载“有物混成”，《原道训》称“故植之而塞于天地”，《缪称训》称“上通九天，下贯九野”“至高无上，至深无下”，同时又吸收了管子的思想，第一次以“气”解“道”，《精神训》说“古未有天地之时，惟像无形，窈窈冥冥，芒芠漠闵，澒蒙鸿洞，莫知其门。有二神混生，经天营地，孔乎莫知其所终极，滔乎莫知其所止息，于是乃别为阴阳，离为八极，刚柔相成，万物乃形，烦气为虫，精气为人”。如《老子》四十七章说：“不出户，知天下；不窥牖，见天道。其出弥远，其知弥近。”《淮南子·主术训》说：“夫人主之听治也，清明而不暗，虚心而弱志，是故群臣辐凑并进，无愚智贤不肖，莫不尽其能……是故不出户而知天下，不窥牖而知天道。乘众人之智，则天下之不足有也。专用其心，则独身不能保也。”《精神训》说：“夫孔窍者，精神之户牖也；而血气者，五藏之使候也。耳目淫于声色之乐，则五藏摇动而不定矣……则精神驰骋于外而不守矣。精神驰骋于外而不守，则祸福之至虽如丘山，

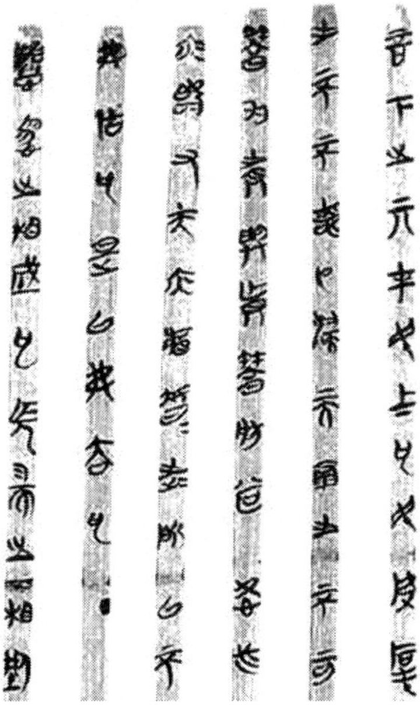
湖北郭店楚墓出土《老子》竹简

无由识之矣。……精神内守形骸而不外越，则望于往世之前而视于来事之后，犹未足为也，岂直祸福之间哉！故曰其出弥远者其知弥少，以言夫精神不可使外淫也。”这是从治国和养生两个方面进行的解说。

《淮南子》也有对《老子》思想的发挥。如关于战争，《老子》三十一章说：“夫唯兵者，不祥之器，物或恶之，故有道不处。”《老子》明确地反对战争，这也为《淮南子》所继承，但《淮南子》主张举“义兵”而伐无道之国。《本经训》载：“古者天子一畿，诸侯一同，各守其分，不得相侵。有不行王道者，暴虐万民，争地侵壤，乱政犯禁，召之不至，令之不行，禁之不止，诲之不变，乃举兵而伐之……晚世务广地侵壤，并兼无已……以澹贪主之欲，非兵之所为生也。”又载：“故兵者所以讨暴，非所以为暴也……用兵有术矣，而义为本。本立而道生，本伤而道废。”《淮南子》并不一概地反对战争，关键是要判断战争的性质，是否符合“义”是主要的标准。

据此可以看出，《淮南子》崇尚《老子》，并且专门撰文诠释思想，但《淮南子》的时代与《老子》已不一样，在保持《老子》基本观点的情况下，根据政治、社会和学术的发展实际，融入了汉初的思想观念。

（2）《淮南子》与《庄子》

《淮南子》与《庄子》的关系至为密切。《要略》说“考验乎老庄之术而以合得失之势者也”，首开老庄并称的先河。刘安本人也有庄学专著两部，一是《庄子略要》，一是《庄子后解》，两书在唐代尚存，后来渐渐失传了。虽然《淮南子》主于道家学说，对《老子》特别重视，专门阐述老子的思想，但《淮南子》对《庄子》的利用实际上超过了《老子》。徐复观《两汉思想史》说“《淮南子》中，《庄子》思想确较《老子》思想更占到优势”“书中引用《庄子》一书之多，及发挥庄子思想之宏，古今未见其比”，但是明确引用《庄子》的只有一处，即《道应训》“庄子曰：小年不及大年，小知不及大知，朝菌不知晦朔，蟪蛄不知春秋”句，绝大多数是融会贯通地引用庄子思想，如《俶真训》《精神训》《齐俗训》《道应训》等篇的主体是庄子思想，《俶真训》借用《齐物论》的文字，《齐俗训》上承《齐物论》的同异观，《修务训》学习《天运》的“六喻”篇法等。今本《庄子》三十三篇，除了《说剑篇》的内容不见于《淮南子》，其余三十二篇，俱被称引。《老子》主要是政治哲学和人生哲学，而《庄子》主要是生命哲学，因此凡是描写道讨论政治问题的多来自《老子》，凡是强调精神和心性讨论人生问



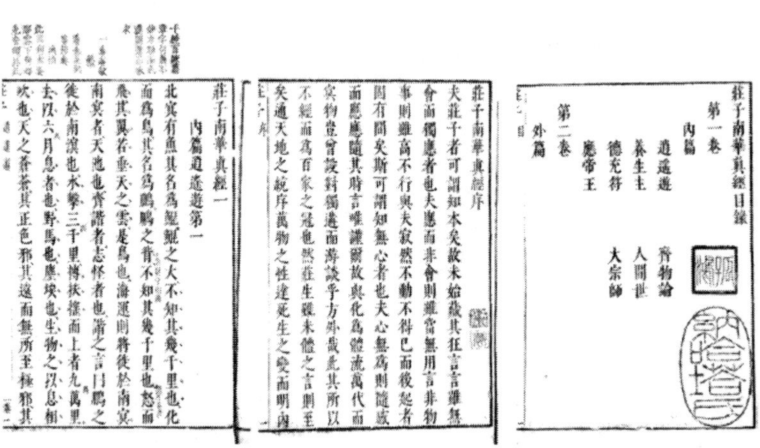
莊子南華真經目錄
第一卷
內篇
逍遙遊　齊物論
養生主　人間世
德充符　大宗師
應帝王
第二卷
外篇

莊子南華真經序
夫莊子者可謂知本矣故未始藏其狂言言雖無會而獨應者也夫應而非會則雖當無用言非物事則雖高不行與夫寂然不動不得已而後起者固有間矣斯可謂知無心者也夫心無為則隨感而應應隨其時言唯謹爾故與化為體流萬代而冥物豈曾設對獨遘而游談乎方外哉此其所以不經而為百家之冠也然莊生雖未體之言則至矣通天地之統序萬物之性達死生之變而明內

莊子南華真經一
內篇逍遙遊第一
北冥有魚其名為鯤鯤之大不知其幾千里也化而為鳥其名為鵬鵬之背不知其幾千里也怒而飛其翼若垂天之雲是鳥也海運則將徙於南冥南冥者天池也齊諧者志怪者也諧之言曰鵬之徙於南冥也水擊三千里摶扶搖而上者九萬里去以六月息者也野馬也塵埃也生物之以息相吹也天之蒼蒼其正色邪其遠而無所至極邪其

明刻本《庄子》

题的多来自《庄子》。有学者根据引用的情况认为《淮南子》的思想更接近《庄子》而非《老子》。

《淮南子》对庄子的阐释，主要集中在：

一是对庄子道论的阐释。《淮南子》的开篇即是《原道训》，“原道”就是推究老子的意旨，但资料多来源于《庄子》，如《原道训》的“夫道者，覆天载地，廓四方，柝八极，高不可际，深不可测，包裹天地，禀授无形。原流泉浡，冲而徐盈，混混汩汩，浊而徐清。故植之而塞于天地，横之而弥于四海，施之无穷而无所朝夕，舒之幎于六合，卷之不盈于一握。约而能张，幽而能明；弱而能强，柔而能刚；横四维而含阴阳，纮宇宙而章三光。甚淖而滒，甚纤而微，山以之高，渊以之深，兽以之走，鸟以之飞，日月以之明，星历以之行，麟以之游，凤以之翔”即是对《庄子·大宗师》“夫道有情有信”节的解释。《道应训》对太清与无穷、无为、无始的问答，即来自《庄子·知北游》。而《俶真训》推论了道的演化过程及其形态特征，谈到“夫天之所覆，地之所载，六合所包，阴阳所呴，雨露所濡，道德所扶，此皆生一父母而阅一和也。是故槐榆与橘柚合而为兄弟，有苗与三危通为一家。夫目视鸿鹄之飞，耳听琴瑟之声，而心在雁门之间。一身之中，神之分离剖判，六合之内，一举而千万里。是故自其异者视之，肝胆胡越；自其同者视之，万物一圈也。百家异说，各有所出。若夫墨、杨、申、商之于治道，犹盖之无一橑，而轮之无一辐，有之可以备数，无之未有害于用也。已自以为独擅之，不通之于天地之情也”，思想上来源于庄子的“道通为一”“万物皆一”，但《淮南子》的“万物总而为一”，强调事物之间的连贯性，则是对庄子相对主义的超越。

二是对庄子无为论的阐释。《原道训》说“达于道者，反于清静，究于物者，终于无为”，强调派生万事万物的道是虚无无为的，因此从道的虚无讲到无为而治，与庄子无为论是一贯的。《淮南子》所描述的无为而治的理想政治，如“当此之时，万民猖狂，不知东西；含哺而游，鼓腹而熙；交被天和，食于地德；不以曲故是非相尤；茫茫沉沉，是谓大治”“至人之治也，掩其聪明，灭其文章，依道废智，与民同出于公”“当此之时，卧倨倨，兴眄眄；一自以为马，一自以为牛；其行蹎蹎，其视瞑瞑；侗然皆得其和，莫知所由生”，思维模式和语句多来源于《庄子》。

三是对庄子修养论的阐述。《淮南子》认为无为政治能否真正实行，取决于君主的修养程度，因此《淮南子》大量使用老庄的观点并进行了创造性的阐释。《淮南子·精神训》有鉴于人主“究耳目之欲而适躬体之便”的现象，提出“轻天下，则神无累矣；细万物，则心不惑矣；齐死生，则志不慑矣；同变化，则明不眩矣”，这些观点显然继承的是老庄思想。《道应训》引述《庄子·大宗师》中颜回的故事：

颜回谓仲尼曰：“回益矣。”仲尼曰：“何谓也？”曰：“回忘礼乐矣。”仲尼曰：“可矣，犹未也。”异日复见，曰：“回益矣。”仲尼曰：“何谓也？”曰：“回忘仁义矣。”仲尼曰：“可矣，犹未也。”异日复见，曰：“回坐忘矣。”仲尼遽然曰：“何谓坐忘？”颜回曰：“隳支体，黜聪明，离形去知，洞于化通，是谓坐忘。”仲尼曰：“洞则无善也，化则无常矣。而夫子荐贤，丘请从之后。”故老子曰：“载营魄抱一，能无离乎？专气至柔，能如婴儿乎？”

《淮南子》认为君主修养的最理想楷模是真人、至人、圣人等得道者。闻一多《神仙考》说“《庄子》书中每讲到圣人、神人、真人、大人如何游于六合之外，无何有之乡，《淮南子》也是如此，并且说得更有声有色”，方勇《庄子学史》指出《淮南子》中的得道者形象就是来自于《庄子》，但进行了吸纳和改造，是作者理想形象的体现，摆脱了庄子中至人的特异功能。

（3）《淮南子》与《吕氏春秋》

《淮南子》与《吕氏春秋》的关系密切，一般认为两者有明显的继承关系，无论是编写过程，还是全书的结构和思想，都非常相似。胡适在《淮南王书》中说：“《淮南王书》与《吕氏春秋》性质最相似，取材于吕书之处也最多。但淮南之书编制更精审，文字也更用气力，却是后来居上了。”《淮南子》是以《吕氏春秋》为蓝本而写成的，它是《吕氏春秋》在新的历史条件下的再现，两部书是秦汉之际道家著作的姊妹篇。《淮南子》吸收了《吕氏春秋》的很多材料，比如《时则训》是根据《吕氏春秋》的十二纪纪首增补而成，提及的五星即来自五帝五首；《天文训》中节气与律吕的对应关系来自《吕氏春秋》的《音律》，星宿分野的部分来自《有始览》；《地形训》中有关大地的概念和九州、九山、九塞、九薮、八风、六水等皆采自《有始览》；《览冥训》申说《吕氏春秋》之《精谕》《召类》等篇的意旨；《道应训》引《吕氏春秋》共二十多次，仅次于《老子》。

《淮南子》社会政治思想的基础也在《吕氏春秋》，因此两者存在较多的共同点，具体来说：一是主张大一统下的分封制。《吕氏春秋》主张在天子之国周围建立诸侯国为辅弼，《览冥训》也支持“天下混而为一”的大一统思想，《主术训》要求天子要有势位，君臣、上下、贵贱名分确定，主张保留诸侯国，《齐俗训》说“邻国相望，鸡狗之音相闻，而足迹不接诸侯之境，车轨不结千里之外者，皆各得其所安”，要求诸侯之间和睦相处。二是实施“无为政治”。《主术训》说“处静以修身，俭约以率下”，要求君主以恬静无为立身，节制嗜欲垂范；提倡“主道圆”而“虚无因循”，“臣道方”而“守职分明”，君主要无为、臣属要尽职，君主通过“循民责实”“因任督责”来约束臣属。三是所有人做到人尽其才，才尽其用。《齐俗训》说“士无遗行，农无废功，工无苦事，商无折货，各安其性，不得相干”，每个人都能从事自己擅长的职业。《主术训》说“群臣辐辏并进，无愚智贤不肖，莫不尽其能”，每个人都能充分施展自己的才能。四是统一的法制基础。《主术训》是说“天下之度量，而人主之准绳”，法制具有很强的规定性特征，是君主实施政治的准绳，“法定之后，中程者赏，缺绳者诛；尊贵者不轻其罚，而卑贱者不重其刑”，将法作为赏罚的依据，不以人的尊卑有所屈折，“法籍礼义者，所以禁君使无擅断也”，反对君主独裁。五是以化为主，以法为辅。《主术训》说“太上神化，其次使不得为非，其次赏贤而罚暴”，最好是不治而化，其次是不要让百姓为非作歹，最后才是赏罚分明；《泰族训》说“治国太上养化，其次正法”，意思一致，法是统治者不得已而采取的措施。

两书的不同点有：一是《淮南子》更强调思想统治的重要性。治国之本务在安民。《吕氏春秋》主张利用民欲以行赏罚，《淮南子》主张使民无智无欲，《泰族训》说：“夫水出于山而入于海，稼生于田而藏于仓，圣人见其所生，则知其所归矣。故舜深藏黄金于嶄岩之山，所以塞贪鄙之心也。仪狄为酒，禹饮而甘之，遂疏仪狄而绝旨酒，所以遏流而之行也。师延为平公鼓朝歌北鄙之音，师旷曰：‘此亡国之乐也。’大息而抚之，所以防淫辟之风也。故民知书而德衰，知数而厚衰，知券契而信衰，知械机而实衰也。”通过阻止物质的诱引，从而恢复纯朴的性情。同时，要加强思想统治，因此《泰族训》说“治之所以为本者，仁义也”。二是儒道学派的融合与对抗。《吕氏春秋》尽管突出了老庄的思想，但对道、儒、墨、法兼容并蓄，《淮南子》中儒道的影响最为明显，融合和对抗往往同在。如《泰族训》提出的“参五”治国方略，把道家效法天地自然和儒家崇尚人伦宗法的思想结合起来，“昔者，五帝三王之莅政施教，必用参五。何谓参五？仰取象于天，俯取度于地，中取法于人，乃立明堂之朝，行明堂之令，以调阴阳之气，以和四时之节，以辟疾病之曹。俯视地理，以制度量，察陵陆水泽肥墽高下之宜，立事生财，以除饥寒之患。中考乎人德，以制礼乐，行仁义之道，以治人伦而除暴乱之祸。乃澄列金木水火土之性，故立父子之亲而成家；别清浊五音六律相生之数，以立君臣之义而成国；察四时季孟之序，以立长幼之礼而成官；此之谓参。制君臣之义，父子之亲，夫妇之辨，长幼之序，朋友之际，此之谓五。乃裂地而州之，分职而治之，筑城而居之，割宅而异之，分财而衣食之，立大学而教诲之，夙兴夜寐而劳力之。此治之纲纪也。”但在其他方面儒道也有对抗，如《精神训》说“今夫儒者不本其所以欲，而禁其所欲，不原其所以乐，而闭其所乐，是犹决江河之源，而障之以手也”，对儒家不能明察百姓欲求的原因而随意禁止的做法进行了讥讽；“夫颜回、季路、子夏、冉伯牛，孔子之通学也。然颜渊夭死，季路菹于卫，子夏失明，冉伯牛为厉，此皆迫性拂情而不得其和也”等，通过反思儒家代表人物的命运指出儒家违背人的本性。

（4）《淮南子》与《文子》

《淮南子》与《文子》的纠葛，两千年来悬而未决，有学者甚至认为《文子》是伪书。胡适《淮南王书》说：“《文子》一书，相传是老子的弟子所作，内容往往与《淮南王书》相同，故清代学者多用来校正《淮南》。但《文子》实是伪书，只可算是一种《淮南》节本，不过因为节钞还在前汉时代，故往往可供学者校勘之用。”1973年，河北定州八角廊西汉中山怀王墓出土了竹简《文子》，使《淮南子》的真伪问题再次引起学界的关注。

文子到底是谁？目前没有取得一致的观点。最早的通行观点认为文子即计然，是越国名将范蠡的老师。南朝宋代的裴骃《史记集解》引《范子》：“计然者，葵丘濮上人，姓辛氏，名文子，其先晋国公子也，为人有内无外，形状似不及人。少

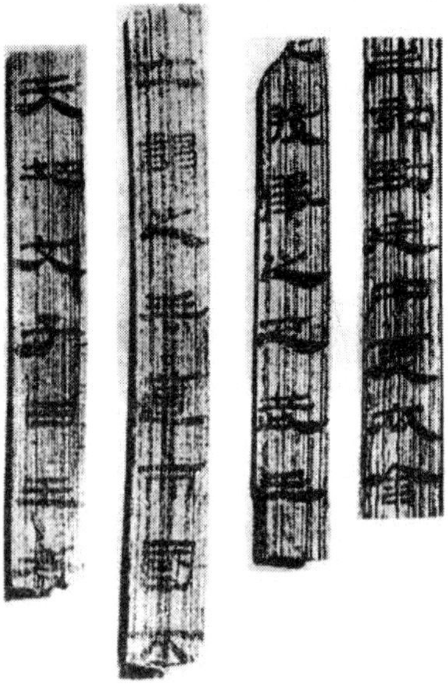
河北定县八角廊汉墓出土《文子》竹简

而明学阴阳，见微而知著，其行浩浩，其心泛泛，不肯自显诸侯。阴所利者，七国，天下莫知，故称曰计然。时遨游海泽，号曰渔父。范蠡请见越王，计然曰：越王为人鸟喙，不可同利也。”北魏李暹的《文子注》说文子：“姓辛氏，葵丘濮上人，号曰计然，范蠡师事之。本受业于老子，文子录其遗言十二篇。”裴骃、李暹俱认为文子即计然，为范蠡的老师。这种说法在南北朝已经出现，是起源最早的观点。又有说法认为文子即文种。此说来自清代学者江瑔，他在《读子卮言》说“文子即文种，古人所未言，自余始发之，颇足惊世”，他提出计然与文子名与字不对应，定非一人，又古来称子的体例，有的是“合姓而称之”，有的是以学问宗旨、性情嗜好称之，而文子崇尚道家，无称“文子”之理，则“文”是姓，文子即文种，计然另有其人。又补充了数条理由：一是文子与老子同为楚人，因此文子得以师事老子；二是文种与孔子同时，则年岁较长，而孔子曾问学老子；三是文种曾在楚国做官，故能与平王对话；四是范蠡因文种有很大的名声却委屈地担任宛县的县令，故想方设法邀请他；五是范蠡归遗书于文种，称鸟尽弓藏句，见于《文子》；六是文种生平行事绝不同于计然；七是《汉志》兵家有《大夫种》二篇，不称《文子》，如为一人，则当同法家《商君》、兵家《公孙鞅》一样两见。也有学者认为文种的思想合乎司马谈《论六家要旨》的道家，属于黄老一派，思想同于《文子》，加强了文种即文子的论证。另有一种观点认为文种、计然、文子实为同一人，主要依据是史书中记载他们的行事和思想极为相近，比如“旱则资舟，水则资车”句，《史记·货殖列传》称为“计然曰”，《国语·越语》称“大夫种进对曰”；又如“七术”之说，《史记·越王勾践世家》载“越王乃赐种剑曰：‘子教寡人伐吴七术，寡人用其三而败吴，其四在子，子为我从先王试之’”，《史记·货殖列传》载范蠡叹称“计然之策七，越用其五而得意”，记载虽有异同，来源却是一致。同时，《国语·越语下》记载范蠡的话说“四封之内，百姓之事，时节三乐，不乱民功，不逆天时，五谷睦熟，民乃蕃滋，君臣上下交得其志，蠡不如种也”，也与《史记·货殖列传》中记载的计然提出的内政措施相一致。

范蠡像

《文子》的成书，应该在西汉初年。理由是其中的《微明篇》“修之国，其德乃丰”句与《老子》五十四章“修之于邦”句对比，将“邦”改成“国”，显然是避汉高祖刘邦的名讳；又

《九守篇》说“圣人保冲气，不敢自满”，《微明篇》说“道冲而用之，又不满也”，《老子》四章说“道冲而用之，或不盈”，将“盈”改成“满”，则是避西汉惠帝刘盈的名讳。我们知道，古人是不能直写当朝皇帝名字的，凡有涉及，通过同义避讳、空字避讳或缺笔避讳等方式代替。因此《文子》的成书，很可能是汉惠帝的时候，早于景帝时撰成的《淮南子》，应该是《淮南子》的参考依据。《淮南子》解释和发展了《文子》的思想。《淮南子》解释《文子》的方式，与韩非子通过《解老》《喻老》来解释《老子》的方式一样。《文子》对当时著作的影响，也不止《淮南子》一家，如《盐铁论·本议篇》“老子曰：‘贫国若有余，非多财也，嗜欲众而民躁也’”，引用老子的话却不见于《老子》，反见于《文子·自然篇》，原句是“故乱国若盛，治国若虚，亡国若不足，存国若有余……有余者，非多财也，欲节事寡也”，则《盐铁论》本于《文子》。总之，《文子》在汉初流传甚广，《淮南子》受其影响也就不足为怪了。

总之，《淮南子》与《文子》是两本不同的书，两者都不是伪书，但《淮南子》多有参考《文子》，这也是客观的事实。

## 4. 楚骚汉赋的流风余韵

汉代初年，刘邦先是分封功臣为诸侯王，不久相继剪除有威胁的异性诸侯王，基本形成了以血缘为纽带的刘姓诸侯王。诸侯王在各自的封地内享有衣食租税权，有稳定的收入来源。因此，在战国末期平原君、信陵君、春申君和孟尝君等四公子养士风气的感召下，诸侯王也纷纷豢养宾客，其中以文学著名的是梁孝王刘武和淮南王刘安的文学集团。当时的很多著名作家都在诸侯王的幕下服务过，如枚乘曾是吴王刘濞的宾客，两次谏阻吴王谋反未遂，最终出走梁国。谢灵运《拟魏太子邺中集序》说："梁孝王时有邹、枚、严、马，游者美矣。"梁孝王文学集团的成员中，集中了邹阳、枚乘、枚皋、严助、司马相如等西汉早期最重要的作家，创制了《七发》《子虚赋》等众多著名作品，代表了西汉初年的文学面貌，成为后代文人津津乐道的佳话。东晋葛洪《西京杂记》有梁孝王在忘忧馆雅集作赋的记载，南朝宋谢惠连的《雪赋》假托梁孝王菟园赏雪，成为典型的文学意象。但梁王本人没有留下重要的作品，主要是以敬惜贤才、啸聚风雅的贤王身份传世。

淮南王刘安不仅集聚了当时著名的文人学者，而且以个人深厚的文学修养留下了光辉的篇章。《汉书·淮南王传》载："时武帝方好艺文，以安属为诸父，辩博善为文辞，甚尊重之。每为报书及赐，常召司马相如等视草乃遣。初，安入朝，献所作《内篇》，新出，上爱秘之。使为《离骚传》，旦受诏，日食时上。又献《颂德》及《长安都国颂》。每宴见，谈说得失及方技赋颂，昏莫然后罢”。刘安能够短时间内为《离骚》作传，说明文学修养深厚，又能在宴席之间，谈论赋颂，文思敏捷自不待言。又《汉书·严助传》载“闽越复兴兵击南越。南越守天子约，不敢擅发兵，而上书以闻。上多其义，大为发兴，遣两将军将兵诛闽越。淮南王上书谏曰”，这是著名的《谏伐南越书》。《汉书·艺文志》是西汉后期的藏书记录，乐中有“出淮南、刘向等《琴颂》七篇”，杂家有“《淮南内》二十一篇。王安。《淮南外》三十三篇”，赋家有“《淮南王赋》八十二篇。《淮南王群臣赋》四十四篇”，歌诗家有“《淮南歌诗》四篇”，刘安及众门客的辞赋，约占《汉书·艺文志》所列屈原赋类的三分之一。因此，在汉魏晋南北朝到唐宋时期，刘安除了以神仙形象为人所熟知外，还以文学家的形象见称。

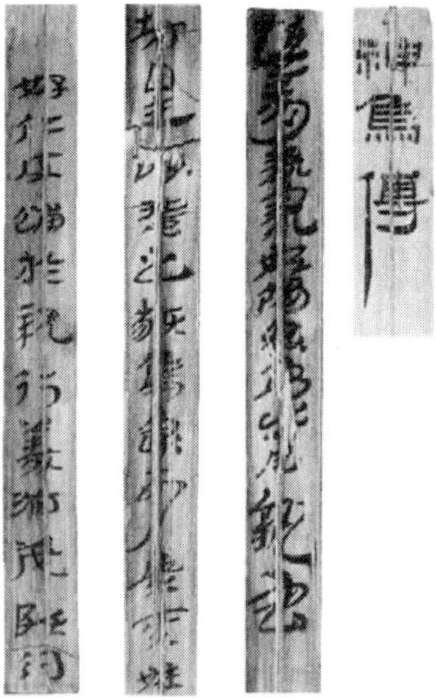

江苏尹湾汉墓出土《神乌赋》竹简

（1）刘安《离骚传》与《淮南子》的创作心理

刘安是《楚辞》的第一个研究者，刘安的《离骚传》是目前我们所能看到的第一篇全面研究评价屈原的文章。一般认为《楚辞》是由西汉后期的刘向整理的，但现有材料显示刘安很可能是《楚辞》的第一次编订者。司马迁《史记·淮南衡山列传》载武帝“使为《离骚传》，旦受诏，日食时上”，东汉王逸《楚辞章句》也说“昔在孝武，博览古文，淮南王叙《离骚传》”，又说“至于孝武，恢廓道训，使淮南王安作《离骚经章句》，则大义粲然”，刘安在很短的时间内就完成了为《离骚》作传的任务，说明刘安本人的学识非常深厚、才华非常敏捷。《隋书·经籍志》载：“始汉武帝命淮南王为之章句，旦受诏，食时而奏之，其书今亡。”《汉书·艺文志》虽然没有刘安《离骚传》的记载，但班固应该看到过《离骚传》，至于具体的亡佚时间现在已不得而知了。那么《离骚传》有没有蛛丝马迹保存呢？

司马迁的《史记·屈贾列传》说《离骚》：“离骚者，犹离忧也。夫天者，人之始也；父母者，人之本也。人穷则反本，故劳苦倦极，未尝不呼天也；疾痛惨怛，未尝不呼父母也。屈平正道直行，竭忠尽智以事其君，谗人间之，可谓穷矣。信而见疑，忠而被谤，能无怨乎？屈平之作离骚，盖自怨生也。国风好色而不淫，小雅怨诽而不乱。若离骚者，可谓兼之矣。上称帝喾，下道齐桓，中述汤武，以刺世事。明道德之广崇，治乱之条贯，靡不毕见。其文约，其辞微，其志絜，其行廉，其称文小而其指极大，举类迩而见义远。其志洁，故其称物芳。其行廉，故死而不容自疏。濯淖汙泥之中，蝉蜕於浊秽，以浮游尘埃之外，不获世之滋垢，皭然泥而不滓者也。推此志也，虽与日月争光可也。”这句话如果孤立地看，并没有什么问题。但王逸《楚辞章句》中载有班固的《离骚序》：“昔在孝武，博览古文，淮南王叙《离骚传》。以《国风》好色而不淫，《小雅》怨诽而不乱，若《离骚》者可谓兼之。蝉蜕浊秽之中，浮游尘埃之外，皭然泥而不滓。推其志，虽与日月争光可也。”班固的引文与前引司马迁的说法相似，但增加了“昔在孝武，博览古文，淮南王叙《离骚传》”句，这一句意义非凡，不仅交代了刘安作《离骚传》的事实，而且也让人思考司马迁对《离骚》的评价是不是来自刘安的《离骚传》？我们认为这应该是刘安的评语，但因为刘安因谋反自杀，罪王之文颇多忌讳，司马迁不好明言采自刘安的《离骚传》，班固是东汉人，已经没有这方面的顾虑了。

但班固并不同意刘安提高《离骚》地位的观点，他说：“且君子道穷命矣。故‘潜龙不见，是而无闷’。关雎哀周道而不伤，蘧瑗持可怀之智，宁武保如愚之性，咸以全命避害，不受世患。故大雅曰：‘既明且哲，以保其身。’斯为贵矣。今若屈原，露才扬己，竞乎危国群小之间，以离谗贼。然责数怀王，怨恶椒兰，愁神苦思，强非其人。忿怼不容，沉江而死。亦贬絜狂狷景行之士。多称昆仑、冥婚，宓妃虚无之语，皆非法度

清萧云从《离骚图》

之政，经义所载。谓之兼诗风雅，而于日月争光，过矣。”班固秉持儒家的观点，认为屈原露才扬己，张大君过的做法是错误的，那么刘安提出的《离骚》义兼风雅、争光日月的地位显然也是不成立的。

面对班固对屈原的批评，王逸说“且人臣之义，以忠正为高，以伏节为贤。故有危言以存国，杀身以成仁”，又说“伯夷叔齐让国守分，不食周粟，遂饿而死，岂可复谓有求于世，而怨望哉！且诗人怨主刺上，曰：‘呜呼小子，未知臧否！匪面命之，言提其耳。’风谏之语，于斯为切，然仲尼论之，以为大雅。引此比彼，屈原之词，优游婉顺，宁以其君不智之故，欲提携其耳乎？而论者以为露才扬己，怨刺其上，强非其人，殆失厥中矣！”王逸认为人臣自然应当履行忠正节义，不惜杀身为国，但也要根据具体的情况，如果君主不可劝谏，言辞迫切也不是什么大错，更何况屈原的作品本来是“优游婉顺”。王逸否定了“论者”（即班固）对屈原评价，与刘安的看法比较接近。

刘安《离骚传》的学术渊源是怎样的呢？应该来自于宾客的影响，尤其是吴地的严助。战国后期，楚国的疆域已经大大地拓展，楚汉之争时的“三楚”，东楚是江淮之间，东至于海；南楚是汉江、淮河至长江以南一带；西楚是淮河以北到山东南部，因此项羽定都彭城，自封西楚霸王。西汉初年的江淮一带，原是楚地，因此擅长楚辞的士人较多。《史记·酷吏列传》说：“始长史朱买臣，会稽人也。读《春秋》。庄助使人言买臣，买臣以楚辞与助俱幸，侍中，为太中大夫。”《汉书·朱买臣传》载：“会邑子严助俱幸，荐买臣。召见，说《春秋》，言楚辞，帝甚悦之。召买臣为中大夫，与严助俱幸。”朱买臣和严助都是会稽人，即今天的苏州，都因楚辞受到宠幸。《汉书·地理志》说：“汉兴，高祖王兄子濞于吴，招致天下娱游子弟。枚乘、邹阳、严夫子之徒，兴于文、景之际。而淮南王亦都寿春，招宾客著书。而吴有严助、朱买臣，贵显汉朝，文辞并发，故世传楚辞。”严助是淮南王刘安的宾客，因此牵连进刘安的“谋反案”。朱买臣与刘安的关系未见记载，但严助和朱买臣关系密切，既是同乡又是同僚，严助还是朱买臣的仕宦推荐人。后来朱买臣因表达对严助冤狱的愤慨而被处死。朱买臣以言楚辞仕进于武帝元朔三年（公元前126年），距刘安作《离骚传》有十二三年的时间。

刘安《离骚传》与《淮南子》的关系密切。刘安说“自疏濯淖泥之中，蝉蜕于浊秽，以浮游尘埃之外，不获世之滋垢，皭然泥而不滓者也。推此志也，虽与日月争光可也”，脱离世俗的污秽，而清游于天际，体现了完全性的解脱状态，《淮南子·俶真训》中的“蝉蜕蛇解，游于太清”“独浮游无方之外”“芒然仿佯于尘埃之外”“能游冥冥者与日月同光”等等，意思正与此相同。

《离骚》后半部分说屈原周游的场景，这在《淮南子·俶真训》中也有类似的描写：“若夫真人，则动溶于至虚，而游于灭亡之野，骑蜚廉而从敦圄，驰于方外，休乎宇内，烛十日而使风雨，臣雷公，役夸夫，妾宓妃，妻织女，天地之间，何足以留其志？”因此《淮南子》受《离骚》的影响显而易见，这也为刘安与《淮南子》的关系提供了新证。

刘安《离骚传》的创作动机也呈现在《淮南子》当中。刘安创作《离骚传》实际上还潜藏着这样一种心理，即借屈原的事迹表明自己的志向。徐复观《两汉思想史》认为是“借屈原之冤，以明自己之志”，“其叙述中所流露出的‘信而见疑，忠而被谤’的烦冤之情，不仅是表白屈原，亦实际是表明他自己。这是把他处境的困惑，及心理的危机感，向一位新即位的青年皇帝的投诉。这一投诉，也收到了相应的效果，使他的王位，安定了十余年之久”。徐复观洞察到处于猜忌中的淮南王深沉的危机感，通过给屈原《离骚》作传来表明自己的心迹。这种心情也体现在《淮南子》中。《俶真训》先是极力铺陈真人之道，说“若夫神无所掩，心无所载，通洞条达，恬漠无事，无所凝滞，虚寂以待，势利不能诱也，辩者不能说也，声色不能淫也，美者不能滥也，智者不能动也，勇者不能恐也，此真人之道也”，不受世间形形色色的欲望干扰，而要通于真人之道，“神经于骊山太行而不能难，入于四海九江而不能濡”，不为世俗的高山大水所束缚，才能达到庄子逍遥游的境界。《俶真训》最后称：

> 非有其世，孰能济焉？有其人，不遇其时，身犹不能脱，又况无道乎？……夫忧患之来，撄人心也，非直蜂虿之螫毒而蚊虻之惨怛也，而欲静漠虚无，奈之何哉？……人神易浊而难清，犹盆水之类也，况一世而挠滑之，曷得须臾平乎？古者至德之世，贾便其肆，农乐其业，大夫安其职，而处士修其道……何则？世之主有欲利天下之心，是以人得自乐其间……逮至夏桀、殷纣，燔生人，辜谏者，为炮烙，铸

金柱，剖贤人之心，析才士之胫，醢鬼侯之女，葅梅伯之骸。当此之时，山崩，三川涸，飞鸟铩翼，走兽挤脚。当此之时，岂独无圣人哉？然而不能通其道者，不遇其世。夫鸟飞千仞之上，兽走丛薄之中，祸犹及之，又况编户齐民乎！由此观之，体道者不专在于我，亦有系于世矣……故世治则愚者不能独乱，世乱则智者不能独治。身蹈于浊世之中，而责道之不行也，是犹两绊骐骥，而求其致千里也……今矰缴机而在上，罟张而在下，虽欲翱翔，其势焉得！故《诗》云："采采卷耳，不盈倾筐，嗟我怀人，寘彼周行。"以言慕远世也。

这一段话，与前面的夸张构成了反转，将庄子的逍遥游斥为梦想，言语中透露出来自朝廷的压迫感和深沉的危机感，这是当时诸侯王不得不面对的处境，而刘安又以人才集聚和文才突出而著名，所感受到的压力也是无可比拟的。《淮南子》表达的这种情绪也正是刘安作《离骚传》的深层动因。

（2）辞赋之法与《淮南子》的创作风格

刘安文学集团擅长辞赋创作。王逸《招隐士序》载："《招隐士》者，淮南小山之所作也。昔淮南王安，博雅好古，招怀天下俊伟之士。自八公之徒，咸慕其德，而归其仁，各竭才智，著作篇章，分造辞赋，以类相从，故或称小山，或称大山，其义犹《诗》有《小雅》《大雅》也。"淮南小山的《招隐士》是一代名作，代表了刘安宾客骚体赋的成就。《汉书·艺文志》来源于西汉末年刘向、刘歆的《别录》《七略》，反映了西汉末年的藏书情况，也是东汉以前文献现存的唯一记录，收录刘安文学集团的赋作有“《淮南王赋》八十二篇。《淮南王群臣赋》四十四篇”，另有《淮南歌诗》四篇，此时距刘安去世已近一百五十年，流传的作品尚且如此丰富，其影响力可以想见。刘安本人也善于赋颂，《汉书》本传说“献《颂德》及《长安都国颂》。每宴见，谈说得失及方技赋颂，昏莫然后罢”，汉武帝每次回信给刘安，都要请司马相如润色，既是出于对叔父的尊重，又是维护朝廷的体面。《淮南子》的创作正是在刘安的主持下，由这些宾客完成的，那么《淮南子》不可能不受到辞赋创作风格和方法的影响。

辞赋的关系是一个聚讼纷纭的问题。有人说辞赋是两种不同的文体，有人说辞赋本是一种文体。司马迁说宋玉、唐勒、景差等“好辞皆以赋见称”，则辞赋一体，班固说“屈原赋二十一篇”，即称《楚辞》为赋，说明辞赋的关系非常紧密，一般认为楚辞是汉赋的源头之一。刘安君臣创作了大量赋作，而刘安又擅长《离骚》，其间的关系显而易见。

所谓赋法，赋即铺陈，就是采用铺陈描写的手法来表达主题，形式上侈陈事例、反复说理，文字上排比复沓，呈现出繁缛的面貌。《要略》说“惧人之惛惛然弗能知也，故多为之辞，博为之说”“其言有小有巨，有微有粗。指奏卷异，各有为语。今专言道，则无不在焉。然而能得本知末者，其唯圣人也。今学者无圣人之才，而不为详说，则终身颠顿乎混溟之中，而不知觉寤乎昭明之术矣”“夫道论至深，故多为之辞，以抒其情。万物至众，故博为之说，以通其意。辞虽坛卷连漫，绞纷远缓，所以洮汰涤荡至意，使之无凝竭底滞，卷握而不散也”，所谓“多为之辞，博为之说”，正是有意识地铺陈言辞，穷极细微，通过这种方式以便尽可能地说服对方，以达到最好的效果。这与汉赋的功能一致，汉赋也是通过大肆的铺陈，来陈述劝谏的意旨。

一是文字上的繁缛。这在《淮南子》中比较常见。兹引《原道训》开篇说“道”：

夫道者，覆天载地，廓四方，析八极；高不可际，深不可测；包裹天地，禀授无形；原流泉浡，冲而徐盈；混混汩汩，浊而徐清。故植之而塞于天地，横之而弥于四海，施之无穷而无所朝夕；舒之幎于六合，卷之不盈于一握。约而能张，幽而能明；弱而能强，柔而能刚；横四维而含阴阳，纮宇宙而章三光；甚淖而滒，甚纤而微；山以之高，渊以之深；兽以之走，鸟以之飞；日月以之明，星历以之行；麟以之游，凤以之翔。

全段要表达的是“道无所不在”的意思，却穷极天文地理、人物鸟兽，大肆排比、反复说理，体现了繁缛的特性，这与《老子》用语的言简意丰已不可同日而语。

二是句式上的整齐。《主术训》载：

主道员者，运转而无端，化育如神，虚无因循，常后而不先也；臣道员者，运转而无方，论是而处当，为事先倡，守职分明，以立成功也。是故君臣异道则治，同道则乱。各得其宜，处其当，则上下有以相使也。夫人主之听治也，虚心而弱志，清明而不暗。是故群臣辐凑并进，无愚智贤不肖，莫不尽其能者，则君得所以制臣，臣得所以事君，治国之道明矣。文王智而好问，故圣；武王勇而好问，故胜。夫乘众人之智，则无不任也；用众人之力，则无不胜也。千钧之重，乌获不能举也；众人相一，则百人有余力矣。是故任一人之力者，则乌获不足恃；乘众人之制者，则天下不足有也。

以四言为主，多用虚词，文章摇曳多姿，总体句式整齐，读起来很有气势。

三是说理上的铺陈。《淮南子》注重以形象和故事说理，而不是抽象的说理，这是中国古代说理文发展的优势。《淮南子》大量采用神话、传说故事，就是出于说理的需要，间接地保存了上古的很多神话。《人间训》中，作者为表达一个道理，常常引多个事例来证明，如释“物或损之而益，或益之而损”：

昔者，楚庄王既胜晋于河、雍之间，归而封孙叔敖，辞而不受。病疽将死，谓其子曰：“吾则死矣，王必封女。女必让肥饶之地，而受沙石之间，有寝丘者。其地确石而名丑，荆人鬼，越人机，人莫之利也。”孙叔敖死，王果封其子以肥饶之地。其子辞而不受，请有寝之丘。楚国之俗，功臣二世而夺爵禄，惟孙叔敖独存。此所谓损之而益也。

何谓益之而损？昔晋厉公南伐楚，东伐齐，西伐秦，北伐燕，兵横行天下而无所绻，威服四方而无所诎，遂合诸侯于嘉陵。气充志骄，淫侈无度，暴虐万民。内无辅拂之臣，外无诸侯之助，戮杀大臣，亲近导谀。明年出游匠骊氏，栾书、中行偃劫而幽之。诸侯莫之救，百姓莫之哀，三月而死。夫战胜攻取，地广而名尊，此天下之所愿也，然而终于身死国亡，此所谓益之而损者也。

夫孙叔敖之请有寝之丘，沙石之地，所以累世不夺也；晋厉公之合诸侯于嘉陵，所以身死于匠骊氏也。众人皆知利利而病病也，唯圣人知病之为利，知利之为病也。夫再实之木根必伤，掘藏之家必有殃，以言大利而反为害也。

这里先从正面举了孙叔敖要求其子请沙地而长有的故事，又从反面举了晋厉公征服天下骄傲致败的故事，证明“损之而益，益之而损”的道理，典型地应用了以形象化的事迹、正反两方面说理的方法。

四是意象上的铺排。《本经训》载：

逮至衰世，镌山石，锲金玉，擿蚌蜃，消铜铁，而万物不滋。刳胎杀夭，麒麟不游；覆巢毁卵，凤凰不翔；钻燧取火，构木为台；焚林而田，竭泽而渔；人械不足，畜藏有余，而万物不繁兆，萌牙卵胎而不成者，处之太半矣。积壤而丘处，粪田而种谷；掘地而井饮，疏川而为利；筑城而为固，拘兽以为畜；则阴阳缪戾，四时失叙；雷霆毁折，雹霰降虐；氛雾霜雪不霁，而万物燋夭。菑榛秽，聚埒亩；

茇野荧，长苗秀；草木之句萌，衔华、戴实而死者，不可胜数。乃至夏屋宫驾，县联房植；橑檐榱题，雕琢刻镂；乔枝菱阿，夫容芰荷；五采争胜，流漫陆离；修掞曲校，夭矫曾桡，芒繁纷挐，以相交持；公输、王尔无所错其剞劂削锯，然犹未能赡人主之欲也。是以松柏菌露夏槁，江河三川，绝而不流，夷羊在牧，飞蛩满野；天旱地坼，凤凰不下；句爪、居牙、戴角、出距之兽，于是鸷矣。民之专室蓬庐，无所归宿，冻饿饥寒，死者相枕席也。



这种意象铺排的方式在当时的赋中较为常见，如枚乘的《七发》、司马相如的《上林赋》等，因此说《淮南子》的表达手法，无疑与汉初流行的大赋有关。

以上是《淮南子》体现的四个文学方面的特色，即文字上的繁缛、句式上的整齐、说理上的铺陈、意象上的铺排，作为探讨《淮南子》与汉初大赋之间关系的基础。《淮南子》在汉初出现，参加撰写的宾客甚至有可能是大赋作家，因此说《淮南子》受到了当时文学思潮的影响。这也是《淮南子》与《吕氏春秋》同为杂家，同出自宾客之手，却在文字表达上颇有不同的原因。

## 5.奇思异想的神话传说

中国现存的神话故事，虽然不如古希腊神话那般系统和完整，但也是丰富多彩、千姿百态的，反映了原始先民在特定的生产条件下对宇宙洪荒、现实世界和人类历史的认识。神话以故事或形象的方式对某种自然或社会现象进行解释，反映了先民丰富的想象力和刨根问底的决心。

先秦的文献对神话已有很多记载，《诗经》描绘了商朝始祖契和周朝始祖后稷出生的神奇经历，契的诞生是因为简狄吞了燕子蛋，稷的诞生是姜嫄踩到天帝的大拇指而受孕，《楚辞》中的《天问》是屈原来到楚故都，面对壁画的发问，运用了大量的神话故事，比如鲧禹治水、羿射十日、共工触山、月中蟾蜍等素材，但是流于零碎和片断化。《穆天子传》中的周穆王西游至昆仑山西王母之处，也充满了神话色彩。至于《庄子》中的鲲鹏之变，似是对神话故事的改造。在上古的文献中，以《山海经》的神话学价值最大。《山海经》成书于战国初年到西汉初年之间，一般认为《山经》成书早，大约在战国初中期，《海经》成书晚，是秦汉间的方士所作。《山海经》是我国古代保存神话资料最多的著作，但神话故事大多是片断式的，如《大荒西经》载“有神十人，名曰女娲之肠，化为神，处栗广之野，横道而处”，如一句话新闻，只是交代了一个现象，至于其中的原委，无法得知；当然也有完整的情节，如夸父逐日：“夸父与日逐走，入日；渴，欲得饮，饮于河、渭；河、渭不足，北饮大泽，未至，道渴而死。弃其杖，化为邓林”，鲧禹治水：“洪水滔天，鲧窃帝之息壤以堙洪水，不待帝命；帝令祝融杀鲧于羽郊。鲧复生禹，帝乃命禹卒布土以定九州”，精卫填海：“发鸠之山，其上多柘木。有鸟焉，其状如乌，文首、白喙、赤足，名曰精卫，其鸣自詨。是炎帝之少女名曰女娃，女娃游于东海，溺而不返，故为精卫。常衔西山之木石，以堙于东海”等，对后世的文学作品产生了重要的影响。

（1）《淮南子》的四大神话

《淮南子》对神话的搜罗相当丰富，保存了大量的神话，可谓古代神话的宝库，他最大的功绩和贡献是完整地记录和保存了中国著名的四大神话，即后羿射日、嫦娥奔月、女娲补天和共工触山。这四大神话，后羿射日与嫦娥奔月，先秦时代已有记载，但《淮南子》的记载最为完整。女娲补天和共工触山，是第一次出现，属于中国的创世神话，是《淮南子》对保存神话的重要贡献。

一是女娲补天，属于始祖神话。《淮南子·览冥训》载：

往古之时，四极废，九州裂；天不兼覆，地不周载。火爁焱而不灭，水浩洋而不息；猛兽食颛民，鸷鸟攫老弱。于是女娲炼五色石以补苍天，断鳌足以立四极，杀黑龙以济冀州，积芦灰以止淫水。苍天补，四极正；淫水涸，冀州平；

狡虫死，颛民生。

女娲是上古最负盛名的女神，不仅是天地的创造者，而且是世界秩序的维护者。《楚辞》中的女娲人头蛇身，在补天之外，还创造了人类，是人类的始祖。据东汉应劭《风俗通义》记载“俗说天地开辟，未有人民，女娲抟黄土为人。剧务，力不暇供，乃引绳絚于泥中，举以为人。故富贵者，黄土人也；贫贱凡庸者，絚人也”，天地开辟之初，还没有人类，女娲用黄土捏人，由于工作量巨大，来不及一一捏成，于是将绳子放入泥中，甩成人类，并且将人区分为富贵和贫贱，说明这个故事已经有了阶级意识，这是关于人类起源的神话。古希腊人认为人类是天神普罗米修斯按照自己的样子用黄土捏成，这表明人类起源的神话具有共通性。《淮南子·说林训》说：“黄帝生阴阳，上骈生耳目，桑林生臂手，此女娲所以七十化也。”上骈、桑林和黄帝、女娲一样都是神仙的名字，现已不知其详，应该是女娲造人时来协助她造人的耳目和手臂，是女娲的助手。至于女娲补天的原因，说是“四极废，九州裂；天不兼覆，地不周载”，为什么会出现这种情况呢？这与远古世界流行的洪水神话有关。

二是共工触山，属于洪水神话。《淮南子·天文训》载：

昔者共工与颛顼争为帝，怒而触不周之山，天柱折，地维绝；天倾西北，故日月星辰移焉，地不满东南，故水潦尘埃归焉。

这是共工氏与颛顼的争帝战争导致的灾祸，说明大洪水是由人为造成的。《本经训》说“舜之时，共工振滔洪水，以薄空桑，龙门未开，吕梁未发，江淮通流，四海溟涬，民皆上丘陵，赴树木”，共工也是人面蛇身的天神，却是洪水的发起者，《兵略训》说“共工为水害，故颛顼诛之”，表明颛顼对共工的战争具有正义性，不是争帝那么简单了。女娲的行为，实际上是弥补人类的过失。拯救的措施是“炼五色石以补苍天，断鳌足以立四极，杀黑龙以济冀州，积芦灰以止淫水”，女娲是治水的英雄，大鳌和黑龙是洪水暴发时的水怪，女娲杀死这些兴风作浪、危害人间的怪物，并且积累了许多芦灰用来遏制洪水。

三是后羿射日，属于英雄神话。《淮南子·本经训》载：

> 逮至尧之时，十日并出，焦禾稼，杀草木，而民无所食。猰貐、凿齿、九婴、大风、封豨、修蛇，皆为民害。尧乃使羿诛凿齿于畴华之野，杀九婴于凶水之上，缴大风于青邱之泽，上射十日而下杀猰貐，断修蛇于洞庭，擒封豨于桑林。万民皆喜，置尧以为天子。

这个故事在《淮南子》之前已经有记载，《山海经》载“汤谷上有扶桑，十日所浴，在黑齿北。居水中，有大木，九日居下枝，一日居上枝”，说十个太阳住在树上，轮流值班，并未酿成祸害；《楚辞·天问》说“羿焉彃日？乌焉解羽？”王逸说“羿仰射十日，中其九日，日中乌皆死，堕其羽翼，故留其一日也”，说后羿射下太阳，只剩一个，却未说明原因。《淮南子》

交代了后羿射日的原因是“十日并出，焦禾稼，杀草木，而民无所食”，后羿射日的同时还杀害了九头猛兽，并指出后羿射日是受命于尧，因此后世学者将后羿直接换成尧，如东汉王充《论衡》引《淮南子》说“尧时十日并出，尧上射九日”，因此百姓高兴地要尧做天子，可能当时民间有两个传说系统，最终后羿射日逐渐占据了主要地位。

四是嫦娥奔月，属于民间传说。《淮南子·览冥训》载：

羿请不死之药于西王母，姮娥窃以奔月，怅然有丧，无以续之。

嫦娥的形象最早见于《山海经》“月女子方浴月，帝俊妻常羲，生月十有二，此始浴之”，嫦娥本叫常羲，是月神，与日神羲和对应，后来演变成嫦娥，《淮南子》说她是后羿的妻子。嫦娥奔月的神话，在“奔月”之后还有“托身于月，是为蟾蜍，而为月精”句，说嫦娥在月亮里化身蟾蜍，这就能说明后面惆怅失落的样子，这句本是旧记所有，只是被后人删削了。西王母的形象经过了几次演化，原始神话中西王母是半人半兽的兽，有豹的尾巴和虎的牙齿，住在山洞里，有三只青鸟为它取食，属于凶神；战国时期，周穆王和西王母歌谣和答，形象已经趋向于正面；到了汉初，开始演化为“有不死之药”的吉神和仙人了，到了汉武帝求神仙招方士的时候，西王母拒绝了武帝所请的不死之药，而给了三千年一结子的仙桃；魏晋年间，西王母已经演化为“年可三十许”的丽人，属于群仙的领袖，成为道教的神仙形象。与西王母对应的是东王公，居住于东方的蓬莱山，东王公的出现很晚，是西王母的镜像，蓬莱山也是仿制昆仑山的产物。



（2）《淮南子》的神仙谱系

《淮南子》的神话故事中出现了缤纷的神仙形象，我们可以据此勾勒出天上的神仙谱系。《淮南子》没有记录天地开辟的神话传说，只是认为天地之前，是一个无形的“像”，后来分为阴阳二气，这就是《精神训》中的“二神混生”，“二神”即阴阳之神。《天文训》说“气有涯垠，清阳者薄靡而为天，重浊者凝滞而为地。清妙之合专易，重浊之凝竭难，故天先成而地后定”，阳气清而成天，阴气浊而成地，天先于地而产生，这就是天地的由来。三国的时候流传了盘古开天辟地的神话，说“天地混沌如鸡子，盘古生其中。万八千岁，天地开辟，阳清为天，阴浊为地。盘古在其中，一日九变，神于天，圣于地。天日高一丈，地日厚一丈，盘古日长一丈。如此万八千岁，天数极高，地数极深，盘古极长”，这个神话故事虽然出现得很晚，但说天地形成之前的混沌，以及阴阳二气的升沉，与《淮南子》相似。

天地开辟之后，尚没有人类，于是女娲捏土造人。女娲造人的时候，上骈、桑林等神都来帮忙制造耳朵、眼睛、手臂等。人类产生后，文明也就出现了，纷争也随之开始，因此就有了共工与颛顼争帝的传说。这场战争异常惨烈，以至撞折撑天的巨柱、系地的大绳，引发了一场世界性的大洪水，猛兽恶鸟也趁机兴风作浪。也有传说认为是共工引发洪水灾害，民不聊生，颛顼因此诛之。女娲只好炼五色石补天，又杀死鳌龙、积灰止水，终于恢复了世界的秩序。

太阳是一切能量的源泉，是世间万物的主宰，因此是古人的想象重点。《淮南子·天文训》描述了太阳一天的行程：

> 日出于旸谷，浴于咸池，拂于扶桑，是谓晨明。登于扶桑，爰始将行，是谓朏明。至于曲阿，是谓旦明。至于曾泉，是谓蚤食。至于桑野，是谓晏食。至于衡阳，是谓隅中。至于昆吾，是谓正中。至于鸟次，是谓小还。至于悲谷，是谓餔时。至于女纪，是谓大还。至于渊虞，是谓高舂。至于连石，是谓下舂。至于悲泉，爰止其女，爰息其马，是谓县车。至于虞渊，是谓黄昏。至于蒙谷，是谓定昏。日入于虞渊之汜，曙于蒙谷之浦。行九州七舍，有五亿万七千三百九里，禹以为朝、昼、昏、夜。

古人将太阳的起落共归结为九州七舍共十六个点，分为朝、昼、昏、夜，其中太阳升起的地方是旸谷、咸池、扶桑，《山海经》说“汤谷上有扶桑，十日所浴，在黑齿北，居水中，有大木，九日居下枝，一日居上枝”，汤谷是太阳洗澡的地方，落山的地方是虞渊、蒙谷，也属于水乡泽国，反映了陆地为海洋环绕的地理观念。根据《山海经》的记载，太阳居住在神树之上，九个太阳居住下枝，一个太阳居住上枝，如果十日并出，就会给人间造成灾难，因此后羿射日就是惩罚措施。那么太阳既然在西方的虞渊下山，次日如何在东方的旸谷升起呢？下山和升起的地方都属于水泽，那么这当中就存在着夜晚运行的太阳，《楚辞·天问》说“鸱龟曳衔”，这鸱（猫头鹰）和龟其实就是运载晚上的太阳。有学者指出三足乌背负太阳由东向西飞行，降落的时候经历死亡并解开羽毛，沉入羽渊，化身为鴟鸮，羽渊中的龟便驮起它缓慢向东方爬行，并在早晨成功地送达东方，这个运载的通道就是黑水。

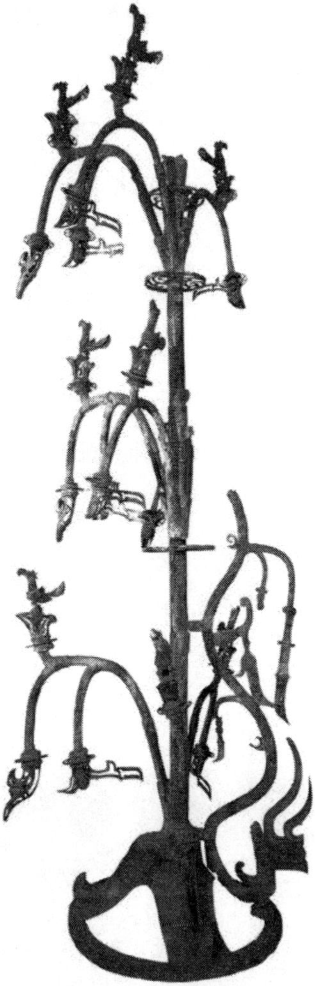

四川广汉三星堆出土青铜神树（三星堆博物馆藏）

日月的飞驰都由天神驾驭，日月之中都有灵鸟。《离骚》说“吾令羲和弭节兮，望崦嵫而勿迫”，崦嵫也是传说中太阳落山的地方，羲和是太阳的御者；又说“前望舒使先驱兮，后飞廉使奔属”，望舒是月亮的御者。东汉王充《论衡·说日》说：“日中有三足乌，月中有兔、蟾蜍。”汉人的画像石中，常以三足乌代表太阳，以与有蟾蜍的月亮区分，《精神训》说“日中有踆乌，而月中有蟾蜍”，“踆乌”即指三足乌，是太阳的代表，蟾蜍即癞蛤蟆，是月亮的代表，当时也有传说蟾蜍是嫦娥所变。

先民的观念总体属于泛神论，认为四时五方、雷电云雨、禾木鸟兽、江河湖海莫不由神主管。《淮南子·天文训》说“仲春二月之夕，乃收其藏而闭其寒，女夷鼓歌，以司天和、以长百谷禽鸟草木”，女夷是主管百谷、草木和禽鸟成长的神仙。《原道训》说“使风伯扫尘”，风伯即风神。《地形训》说“雷泽有神，龙身人头，鼓其腹而熙”，这是雷神的外貌描写。《原道训》说“今雨师洒道”，雨师即雨神，《山海经》说“雨师妾在其北，其为人黑，两手各操一蛇，左耳有青蛇，右耳有赤蛇”，这是上古雨师的形象。《天文训》说“至秋三月，地气下藏，乃收其杀，百虫蛰伏，静居闭户，青女乃出，以降霜雪”，青女就是霜雪之神。《齐俗训》说“冯夷得道，以潜大川”，冯夷是河伯，是黄河之神，黄河是中原的大河，因此关于河伯的传说记载甚多。

《淮南子》保存了大量的神话传说，但这些神话只是说理的举证，并非作者有意识的全面收集，今人固然可以通过这些神话见微知著地窥探到古人的神话世界，但从系统性和全面性而言，相比古希腊神话，中国历史上保存的材料还是不够丰富的。

甘肃武威五坝山汉墓“开明兽”等形象
（宿白等：《中国美术全集·墓室壁画》，文物出版社，1989年）

（3）昆仑山与升仙神话

昆仑山，就是天山，匈奴称天为祁连，也叫祁连山，在今甘肃酒泉南。《括地志》说："昆仑山在肃州酒泉县南八十里。"《穆天子传》所说周穆王到达的昆仑山就是酒泉南的祁连山。《淮南子·地形训》说"河水出昆仑东北陬"，李白《将进酒》说"君不见黄河之水天上来，奔流到海不复回！"，一般认为昆仑山是黄河的源头。李白《关山月》说："明月出天山，苍茫云海间，长风几万里，吹度玉门关。"玉门关是中原通往西域的主要交通门户。传说昆仑山盛产宝玉，李斯《谏逐客书》说"致昆山之玉"，《尔雅·释地》说"西北之美者，有昆仑虚之璆琳琅玕焉"，璆琳和琅玕即是美玉，可见昆仑山之玉的名气。而玉门关是昆仑山宝玉输入中原的唯一关塞，因此叫玉门关。

但在神话故事中，昆仑山是连接天上和人间的通道。《淮南子》共记载了两条通天的途径，一是南方的都广山，《地形训》说"建木在都广，众帝所自上下，日中无景，呼而无响，盖天地之中也"，都广山是天神从天上往人间的通道，建木是登天的天梯，但不大为人所知；二是西方的昆仑山，是著名的登天之路，应该是古人认为昆仑山至高、可与天相连而产生的想象，《地形训》说"昆仑之丘，或上倍之，是谓凉风之山，登之而不死。或上倍之，是谓悬圃，登之乃灵，能使风雨。或上倍之，乃维上天，登之乃神，是谓太帝之居"，这条路是从昆仑到凉风，已能长生不死，再到悬圃，具有役使风雨的技能，再到上天，终成天神。《山海经》说"昆仑之丘，实惟帝之下都，神陆吾司之。其神状虎身而九尾，人面而虎爪；是神也，司天之九部及帝之囿时”，又说“海内昆仑之虚，在西北，帝之下都。昆仑之虚，方八百里，高万仞。……百神之所在”，那么昆仑山是天帝和百神的居所，后来的传说描写刘安升仙，也是在昆仑山成仙的。

《淮南子·地形训》对昆仑山有详细的描写：

禹乃以息土填洪水，以为名山；掘昆仑虚以下地，中有增城九重，其高万一千里百一十四步二尺六寸。上有木禾，其修五寻，珠树、玉树、琁树、不死树在其西，沙棠、琅玕在其东，绛树在其南，碧树、瑶树在其北。旁有四百四十门，门间四里，里间九纯，纯丈五尺。旁有九井玉横，维其西北之隅，北门开以内不周之风。倾宫、旋室、县圃、凉风、樊桐在昆仑阊阖之中，是其疏圃。疏圃之池，浸之黄水，黄水三周复其原，是谓丹水，饮之不死。

昆仑山由大禹治水而成，是通往天堂的天梯和不死之山，它有增城九重、宫室千间，有名木佳树、精美宝玉、园圃流水，是神仙生活的地方。尤其是昆仑山顶上的“县（悬）圃”，《山海经·山经》称为“帝之平圃”。《穆天子传》说：“春山是唯天下之高山也，……春山之泽，清水出泉，温和无风，飞鸟百兽之所饮食，先王所谓县圃。”春山就是昆仑山上的一个高峰，县圃正是悬挂在高空中的花园。再据《地形训》“昆仑之丘，或上倍之，是谓凉风之山，登之而不死。或上倍之，是谓悬圃，登之乃灵，能使风雨。或上倍之，乃维上天，登之乃神，是谓太帝之居”所载，九重天的结构是：第一重是昆仑，有丹水可以饮之不死；第三重是凉风之山，可以长生不老；第五重是悬圃，可以呼风唤雨；第九重是天界，是天帝的居所。

一直以来，昆仑山被认为是仙界名山，享有崇高的地位，但最早的昆仑山是充满黑暗和死亡的刑杀之山。著名学者王小盾教授根据《山海经》的《西山经》《北山经》《海外南经》《海外北经》《海内西经》《海内北经》《海内东经》《大荒西经》《大荒北经》等篇章中关于“昆仑”“昆仑之虚”或“昆仑之丘”的记载，认为昆仑没有固定的地理位置，不必是具体的地名，属于某种神秘观念的产物。这种神秘观念比较明显地同死亡有关。所谓“帝之下都”，即指冥帝的统治地，所以《博物志》说“昆仑山之东北……有八玄幽都”。所谓“昆仑”，其原始含义即是墓丘。昆仑同死亡的关联在昆仑山神的神性上有很明显的体现。这些山神都是些死亡之神和刑杀之神，其中最著名的神灵是西王母。据《大荒西经》《西山经》和《海内北经》的记载，西王母是“豹尾虎齿而善啸”的人，是主管“灾厉、五刑、残杀之气”的人，当古人把这些形象凶恶的神灵安置在昆仑之丘的时候，当他们指出西王母的主神特色的时候，正是提示了昆仑的真相——死亡之所和埋葬之所。《穆天子传》曾称奄山（即崦嵫山，日入之山）为“西王母之山”，昆仑山就可以理解为太阳落山后的居所，日落是被古人视为死亡的象征。

昆仑早期的意义是承载死亡的神秘场所，但在发展过程中，从黑暗的墓丘变为仙界的乐都，至迟在战国后期，昆仑山的想象已经趋于正面，《淮南子》所记载的昆仑山完全是神仙所居的极乐世界。

《淮南子》是先秦诸子的集大成者，融合多家学说而成杂家，因此保存了大量的神话。随着汉武帝时期儒家取得了独尊的地位，神话便进一步的衰落了。孔子说“子不语怪力乱神”，因此儒家学者对神话进行了伦理性的解释，比如宰我问孔子黄帝三百年的事情。宰我问：“昔者予闻诸荣伊，言黄帝三百年。请问：黄帝者，人邪？抑非人邪？以至于三百年乎？”孔子回答说：“生而民得其利百年，死而民畏其神百年，亡而民用其教百年；故曰三百年。”本来“黄帝三百年”是传说黄帝寿长三百年，很可能是指黄帝部落的统治时间，孔子借此教育圣贤政治的好处，纳入政治性的解释。子贡曰：“古者黄帝四面，信乎？”孔子曰：“黄帝取合己者四人，使治四方，不计而耦，不约而成，此之谓四面。”本来“黄帝四面”应当是黄帝四张脸的传说，孔子解释为黄帝用四人治理四方。鲁哀公问于孔子曰：“吾闻夔一足，信乎？”孔子曰：“夔，人也。何故一足？彼其无他异，而独通于声。尧曰：‘夔一而足矣，使为乐正。’故君子曰：‘夔有一，足。非一足也。’”本来“夔一足”应当是夔只有一条腿的传说，孔子断为“夔一，足”，认为如夔这样的人，有一个就足够了。孔子能够解释的，尚可保存一些端倪，那些不易解释的，早被打入“怪力乱神”，在历史的长河中消失得无影无踪了。

## 6.丰富多彩的寓言世界

“寓言”一词出自《庄子》，寓即寄寓、寄托的意思。寓言就是作者把某些生活经验和其所表达的道理，利用故事的形式巧妙地表达出来。故事大都简短，含有比喻和象征的意思。在先秦寓言的发展过程中，《战国策》《孟子》只是偶一为之。《战国策》保存了五十四则寓言，其中著名的有“画蛇添足”“狐假虎威”“鹬蚌相争”“亡羊补牢”等，充满了人生哲理。《孟子》中的著名寓言有“揠苗助长”“齐人有一妻一妾”等，善于描摹人情世态。《庄子》中的寓言有一百八十一则，数量较多，只是为阐明一个中心思想服务，属于说理的组成部分，并未能成为独立的文学，典型的寓言有“庖丁解牛”“痀偻承蜩”等，特点是奇幻玄虚、怪诞神奇、出人意表。韩非有意识地系统收集、整理和创作，进门分门别类的安排，形成寓言故事集。《韩非子》共有寓言二百二十三则，主要集中在《内储说》《外储说》《说林》《喻老》《十过》等篇，主要取材于历史事迹和现实生活，构思精巧，描写大胆，语言幽默，于平实中见奇妙，具有耐人寻味、警策世人的艺术效果。代表性故事“棘刺母猴”“守株待兔”“自相矛盾”“滥竽充数”“郑人买履”“画鬼容易”“买椟还珠”等，影响深远。《列子》据称是战国人列御寇所作，但此书在汉代已亡佚，现存《列子》出现在魏晋之间，也保存了九十九则寓言故事，如“愚公移山”“杞人忧天”“歧路亡羊”等脍炙人口，特点是想象丰富，善于写人物的心理活动。

汉代保存寓言最丰富的是《淮南子》。《淮南子》的寓言种类丰富、摇曳多姿，善于选取历史故事说明道理，这种历史故事的主角实有其人，但不必实有其事；又会巧妙地以日常生活进行比喻，贴近人生更能说服人心；偶尔也借鉴了庄子的笔法，用奇幻的形象来说明道理。寓言是先秦诸子常用的说理手法，不仅能够提高读者的阅读快感、激发读者的倾听兴趣，而且能让读者沉浸在故事的氛围中，潜移默化地接受了作者的观点。

《淮南子》的寓言，兹撷取若干有意义的故事分为三类，解读如下：

一是历史故事。

（1）宓子论过

“宓子论过”出自《齐俗训》，讲的是认识一个人，不能据一时一地的言谈举止，就轻易地批评，误解别人的本意。

宾有见人于宓子者。宾出，宓子曰：“子之宾独有三过：望我而笑，是攓也；谈语而不称师，是返也；交浅而言深，是乱也。”宾曰：“望君而笑，是公也；谈语而不称师，是通也；交浅而言深，是忠也。”故宾之容，一体也；或以为君子，或以为小人，所逢视之异也。



（译文：宓子的一个朋友带一位客人来拜访宓子。客人走后，宓子对这个朋友说："你带来的这位客人有三处过失：一见我就笑，是轻慢不懂规矩的表现；言谈中从不提起自己的老师，是一种背叛师门的行为；交情尚浅而推心置腹地说话，这是不懂礼貌的表现。"那客人反驳道："我一见你就笑，说明我坦荡无私；交谈中不提及老师，是为了打通师门之间的隔阂，以便来往；交情不深而敢说心里话，是对朋友忠诚和信任的表现。"这人的言行本来就是一样的，但有人认为他是君子，有人认为他是小人，这完全是各人看法不同的缘故。）

（2）公仪休嗜鱼

"公仪休嗜鱼"出自《道应训》：

公仪休相鲁，而嗜鱼，一国献鱼，公仪子弗受，其弟子谏曰："夫子嗜鱼，弗受何也？"答曰："夫唯嗜鱼，故弗受。夫受鱼而免于相，虽嗜鱼，不能自给鱼，毋受鱼而不免于相，则能长自给鱼。"

（译文：公仪休任鲁国的宰相，很喜欢吃鱼。国内不断有人给公仪休送鱼，公仪休都没有接受，他的学生劝说道："老师爱吃鱼，却又不接受他人送的鱼，这是为什么？"公仪休答道："正是因为我喜欢吃鱼，才不要这鱼。如果接受了这鱼，那么就会因受贿而被罢免宰相之职，到那时，我虽然还爱吃鱼，却再也不能满足这一嗜好了。现在我不接受这鱼，就不至于被罢免宰相的职位，就能永远地、经常地吃到鱼了。"）

这里讲公仪休拒绝受贿的事，实际上还是明哲保身的意思，并没有更深的含义。《史记·循吏列传》也记载了同样的故事：

公仪休相鲁而嗜鱼，一国尽争买鱼而献之，公仪子不受。其弟谏曰："夫子嗜鱼而不受者，何也？"对曰："夫唯嗜鱼，故不受也。夫即受鱼，必有下之色；有下人之色，将枉于法；枉于法，则免于相；虽嗜鱼，此不必能致我鱼，我又不能自给鱼。即无受鱼而不免于相，虽嗜鱼，我能长自给鱼。此明夫恃人不如自恃也；明于人之为己者不如己之自为也。

《史记》所载与《淮南子》颇有不同，《史记》着重强调接受了献鱼的贿赂，则要听命于人，不免枉法，导致失去相位，这是从利害得失的角度考虑接受鱼的代价。最后说聪明的人仰仗别人不如仰仗自己，与其靠别人帮助自己，不如自己成全自己。

（3）九方皋相马

"九方皋相马"出自《道应训》，寓意是分析事物，不能只注重表面形式，而要抓住内在实质。

秦穆公谓伯乐曰："子之年长矣，子姓有可使求马者乎？"对曰："良马者，可以形容筋骨相也。相天下之马者，若灭若失，若亡其一。若此马者，绝尘弭辙。臣之子，皆下材也，可告以良马，而不可告以天下之马。臣有所与供儋缠采薪者九方堙，此其于马，非臣之下也，请见之。"穆公见，使之求马，三月而反报曰："已得马矣，在于沙丘。”穆公曰：“何马也？”对曰：“牡而黄。”使人往取之，牝而骊。穆公不说，召伯乐而问之曰：“败矣！子之所使求者，毛物牝牡弗能知，又何马之能知！”伯乐喟然大息曰：“一至此乎！是乃其所以千万臣而无数者也。若堙之所观者，天机也。得其精而忘其粗，在内而忘其外，见其所见而不见其所不见，视其所视而遗其所不视。若彼之所相者，乃有贵乎马者。”马至，而果千里之马。

（译文：秦穆公对伯乐说：“你的年纪大了，你的子孙之中有没有会相马的？”伯乐答道：“一般的良马，可以观察它的外表、筋骨。天下难得的千里马，若隐若现，似有似无。这种马奔跑起来，看不到飞扬的尘土和足迹。我的子孙都不大中用，他们

陕西兴平霍去病墓前石马旧影
（［法］谢阁兰摄于1914年）

可以告诉您哪些是良马，但是无法告诉您哪些马是天下最好的马。我有一个朋友叫九方皋，他相马的本领不在我之下。”于是穆公派九方皋外出找马，过了三个月他回来报告说：“已经得到了一匹好马，放养在沙丘（地名）了。”穆公问：“是什么样的马？”他答：“是一匹黄色的公马（牡而黄）。”穆公派人到沙丘取马，一看竟是一匹黑色的母马（牝而骊）。穆公很不高兴，责问伯乐说：“你推荐的那个九方皋连马匹是黄是黑，是公是母都分辨不出来，又怎能识别马的优劣呢？”伯乐回答说：“这正是他胜过我千倍万倍的地方啊！因为他在相马时所注意的是内在的本质的东西，而忽略的是外表的非本质的东西，这可比一般的观察重要多了。”后来马送到了，果然是一匹天下无双的好马。

作者以相马为比喻，意在说明任何事物都有其本质和现象，人们必须透过现象看到本质，才能真正地了解事物、认识事物。后来还形成一句成语“牝牡骊黄”，比喻不能反映事物本质的表面现象。故事中的伯乐、九方皋、秦穆公都是实有其人，而有关“牝牡骊黄”的问答则并非实有其事，也不可能实有其事。实中有虚，虚中有实，这是先秦寓言写作的常用手法。

（4）善呼者

“善呼者”出自《道应训》，说明用人当不拘一格。身怀大智之人，当然要收罗、拥有小技之徒，也应重视他们，小技虽不及大智，但在某种情况下也能派上用场。



**公孙龙在赵之时，谓弟子曰：“人而无能者，龙不能与**

游。”有客衣褐带索而见曰：“臣能呼。”公孙龙顾谓弟子曰：“门下故有能呼者乎？”对曰：“无有。”公孙龙曰：“与之弟子之籍！”后数日，往说燕王。至于河上，而航在一汜。使善呼者呼之，一呼而航来。

（译文：公孙龙在赵国的时候，对他的弟子说：“没有能耐的人，我是不会与他交往的。”某日，有个身穿粗布衣服、腰系烂绳子的人来求见，并说：“我很会呼喊。”公孙龙环顾了周围的弟子，问道：“你们当中有善于呼喊的人吗？”弟子们回答道：“没有。”公孙龙便说：“留下他，把名字登在名册上。”过了几天，公孙龙去燕国游说燕王，走到一条大河边时，摆渡的船停在河那边。公孙龙于是叫那个善于呼喊的人大声呼喊，一喊对面的船就撑了过来。）

（5）后世知音

“后世知音”出自《修务训》：

昔晋平公令官为钟，钟成而示师旷。师旷曰：“钟音不调。”平公曰：“寡人以示工，工皆以为调，而以为不调，何也？”师旷曰：“使后世之无知音者则已，若有知音者，必知钟之不调。”故师旷之欲善调钟也，以为后之有知音者也。

晋平公新钟铸成，请乐工测试，都认为音节谐调，唯独师旷认为不谐调。晋平公大惑不解，师旷说，钟声是否谐调，今日无人肯说，后世自有公断，蒙得过一时，蒙不过长久。那么师旷和乐工的判断可能有两个原因，一是音乐知识很难为一般人所掌握，二是乐工们不敢说出真理。依我的看法，乐工们久习此道，孰是孰非当然很清楚，恐怕涉及长官的利益，只得违心地点头称谐调。这更能反映出师旷敢于坚持真理的可贵精神。

二是民间百态。

（1）北楚任侠者

“北楚任侠者”出自《氾论训》，告诉我们分析问题要抓住实质，弄清因果关系，要从根本上解决问题。

北楚有任侠者，其子孙数谏而止之，不听也。县有贼，大搜其庐，事果发觉，夜惊而走，追，道及之。其所施德者皆为之战，得免而遂反。语其子曰：“汝数止吾为侠，今有难，果赖而免身，而谏我、不可用也！”

知所以免于难，而不知所以无难，论事如此，岂不惑哉！

（译文：北楚有个人到处行侠仗义、打抱不平，他的子孙们多次劝他莫做那些得罪人的事情，但他坚持不听。县城有贼，官府搜查他的家，事情败露，他惊慌地连夜逃跑，县吏紧追不舍，终于追上了他。幸亏他平时帮助过的人们赶来帮他搏斗，他才免于祸患而回到家里。回家后对儿子说：“你好几次阻止我行侠仗义，今天遇到灾难，却恰恰是平时行侠时帮助过的人使我免于一死，看来你们劝我的那些话是不管用的。”



知道为什么能够免遭灾祸却不知道怎样才能够不招惹灾祸，像这样看待事情，岂不是很糊涂吗？）

《汜论训》中的“宋人嫁子”讲的也是同样的故事，说：

宋人有嫁子者，告其子曰：“嫁未必成也，有如出，不可不私藏。私藏而富，其于以复嫁易。”其子听父之计，窃而藏之。君公知其盗也，逐而去之。其父不自非也，而反得其计。知出藏财，而不知藏财所以出也。

（2）佩玦逐兔

“佩玦逐兔”出自《汜论训》：

楚王之佩玦而逐兔，为走而破其玦也，因佩两玦以为之豫，两玦相触，破乃逾疾。乱国之治，有似于此。

（译文：楚王佩带玉玦追逐兔子，因马太快而撞坏玉玦，于是预先佩带两块玉玦做准备，两块玉玦相互碰撞，毁坏得更快。混乱国家的政治，跟这个很像。）

寓意是解决问题的方法不在于多，而在于有用，一味贪多是无用的，只会使问题更加严重。

（3）三人同舍

“三人同舍”出自《诠言训》：

河南淮阳汉墓出土陶舍

三人同舍，二人相争。争者各自以为直，不能相听。一人虽愚，必从旁而决之，非以智，不争也。

（译文：三个人在同一个房间，有两个互相争斗。争斗的人都自以为是对的，不愿听对方的辩解。另外一个人虽然愚笨，一定在旁边裁决，不是因为他更加智慧，而是他不参与争斗。）

争斗双方都会从自己的利益出发，带有偏见地看待对方，因此自以为是、互不相让，在这种情况下，第三者即使再蠢再笨，也能看出其中的是非曲直，因为他没有卷入利益纷争，对待争议反而更加客观。《老子》说“夫唯不争，故天下莫能与之争”，说明只有置身利益之外，才能有公正客观的视野。

（4）西家之子

“西家之子”出自《说山训》，说：

东家母死，其子哭之不哀。西家子见之，归谓其母曰：“社何爱速死？吾必悲哭社。”夫欲其母之死者，虽死亦不能悲哭矣。谓学不暇者，虽暇亦不能学矣。

（译文：东边一家人的母亲死了，她的儿子哭得并不是很伤心。西边这家人的儿子见了，跑回家去对他母亲说："母亲何必吝惜生命而不快点去死呢？你如果死了，我肯定会很悲痛地哭你。"实际上那一个想要他母亲快点死的人，即使他母亲日后死了，他也必定不会很悲痛地哭。那些说没有空闲读书学习的人，即使有空闲也不会去读书学习。）

唐张鷟《朝野佥载》记载古代"孝子"郭纯为了骗取孝廉，治丧期间每次于母亲亡灵之前哭时故意撒饭渣之类于地上，引飞鸟来吃。反复多次形成条件反射，鸟一听到就会竞相飞来觅食，郭纯赢得了孝名，朝廷颁发匾额来表彰郭纯的孝心。

传统儒家思想重视孝道，一方面固然鼓励了人心，另一方面也使一些人通过虚伪的行动来沽名钓誉。西家之子自诩尽哀不逊东家子，却希望他母亲早点死亡。作者又引申说，平时没有时间学习的人纵使有了时间也不会学习。但西家之子这个故事的深层寓意是说一个人对待事物的好恶爱憎，要看他在实践中表现的态度，而不是他的说辞。如果愿意做某件事情，就会克服困难积极主动，不愿意做某件事情，就会胡言乱语设法搪塞。

（5）躄盲合作

"躄盲合作"出自《说山训》，告诉人们应该去做能够发挥自己的特长的事情，相互协作，共同达到最好的结果。

寇难至，躄（bì，跛脚的人）者告盲者，盲者负而走，两人皆活，得其所能也。故使盲者语，使躄者走，失其所也。

（译文：当兵灾来临的时候，腿脚不便的人将此消息告诉盲人，盲人背上他并且根据他的指示前进，两人都能幸免于难。反之，如果让盲人负责指路，腿脚不便的人负责背人，那就无法发挥彼此的特长。）

（6）一目之网

“一目之网”出自《说山训》，指出局部和整体的关系。

有鸟将来，张罗而待之，得鸟者，罗之一目也；今为一目之罗，则无时得鸟矣。

鸟儿入网被捉，自然是一只网眼的功劳，但是没有整张罗网，也就不可能捕到鸟。不能因为局部的功劳，而否定整体的作用，局部依靠整体才能成功，脱离了整体，局部也就没有意义了。整张的罗网是客观的存在，成功捕鸟的网眼却是随机的。既可以是这个网眼，也可以是那个网眼。一个人的成功也是如此，离不开单位、家庭和朋友的支持，过分地夸大个人的作用，是不公允的。

（7）郢人鬻母

郢人鬻母出自《说山训》：

郢人有鬻其母，为请于买者曰：“此母老矣！幸善食之而勿苦。”此行大不义而欲为小义者。

郢人出卖自己的母亲，还假惺惺地要求买家善待自己的母亲，莫要使其受苦。卖母本是大逆不道的事情，却假装关心体贴母亲，真是虚伪到了极致！

（8）塞翁失马

“塞翁失马”出自《人间训》，是一则有名的故事，寓意深刻，告诫人们在现实生活中，不要为一时的得失而沾沾自喜或悲伤失望，因为幸福的背后隐伏着灾难，灾难的事情可能转变为好事，因此人们要超脱现实，平心静气地对待发生的一切。

近塞上之人，有善术者，马无故亡而入胡。人皆吊之，其父曰：“此何遽不为福乎？”

居数月，其马将胡骏马而归。人皆贺之，其父曰：“此何遽不能为祸乎？”

家富良马，其子好骑，堕而折其髀。人皆吊之，其父曰：“此何遽不为福乎？”

居一年，胡人大入塞，丁壮者引弦而战。近塞之人，死者十九。此独以跛之故，父子相保。

故福之为祸，祸之为福，化不可极，深不可测也。

（译文：靠近边境一带居住的人中，有一个精通算命的人，他们家的马无缘无故地跑到了胡人的住地。邻居们都前来慰问他。算命人的父亲说：“这事谁知道就不是一件好事呢？”

过了几个月，那匹马带着胡人的良马回来了。人们都前来祝贺他们一家。算命人的父亲说："这事谁知道就不是一件坏事呢？"

算命人家中有很多好马，算命人喜欢骑马，结果从马上掉下来摔得大腿骨折。人们都前来安慰他们一家。算命人的父亲说："这事怎见得不是一件好事呢？"

过了一年，胡人大举入侵边境一带，壮年男子都拿起弓箭去作战。靠近边境一带的人，绝大部分都死了。唯独算命人因为腿瘸而免于征战，父子得以保全生命。

所以，福可以转化为祸，祸也可以转化为福，这种相互转化没有止境，而且深奥玄妙不可预知。）

（9）鲁人报仇

"鲁人报仇"出自《人间训》，说的是舍得用生命去履行自己义务的人，都会受到别人的尊重。

鲁人有为父报仇于齐者，刳其腹而见其心。坐而正冠，起而更衣，徐行而出门，上车而步马，颜色不变。其御欲驱，抚而止之曰："今日为父报仇，以出死，非为生也。今事又成矣，又何去之？"追者曰："此有节行之人，不可杀也。"解围而去之。

（译文：鲁国有个人到齐国为父亲报仇，他把仇人的腹部割开，让人能看见仇人的心脏。而后他从容地坐下，把帽子戴好，再不慌不忙地起身换好衣裳，慢慢地走出门，坐上车，让马慢慢地溜达，面色一点不变。替他赶车的人想打马快点跑，他却拍拍驾车人的肩膀阻止道：“我今天到这里来为父亲报仇，出门时就做了死的准备，根本就没有想着能再活着回去。现在事情已经办成了，又何必怕人赶来杀我呢？”追赶的人听到了他的这番话，说：“这是个极守孝道，很有骨气的人，不应该杀他。”随后撤去了包围，走了。）

（10）鄙人弃玉

“鄙人弃玉”出自《修务训》：

> 鄙人有得玉璞者，喜其状，以为宝而藏之；以示人，人以为石也，因而弃之：此未始知玉者也。

乡野之人得到一块璞玉，喜欢它的形状，将它作为宝贝收藏，拿给人看，别人认为这是石头，于是舍弃了它。璞玉是美玉的初型，经过匠人的雕琢，即可成为美玉。因此鄙人的眼光未必有问题，但别人说是石头，便轻易地相信了，这就是没有知识的罪过了。因此，我们要提高自己的知识水平，做到明辨是非，就不会被别人蛊惑了，那些轻易被骗的人，本质上是知识的缺乏。

三是奇幻世界。

（1）罔两问景

“罔两问景”出自《道应训》：

> 罔两问于景曰：“昭昭者，神明也？”景曰：“非也。”罔两曰：“子何以知之？”景曰：“扶桑受谢，日照宇宙，昭昭之光，辉烛四海。阖户塞牖，则无由入矣。若神

明，四通并流，无所不极，上际于天，下蟠于地。化育万物而不可为象，俯仰之间而抚四海之外。昭昭何足以明之？”故《老子》曰：“天下之至柔，驰骋天下之至坚。”

（译文：罔两问影子：“那明亮的日光就是神明么？”影子回答：“不是。”罔两又问：“你怎么知道的？”影子说：“太阳每天从扶桑升起又从西边落下去，它照耀在宇宙间，那明亮的光辉，照耀四海。可是门窗紧闭的地方，阳光就无法照射进来了。但神明却能四通八达，无所不及，上至九天，下居大地，生育万物而不露痕迹，片刻之间便能掩盖四海之外的地方，明亮的日光哪有这样的神通呢？”所以《老子》说：“天下最柔弱的东西，能冲破天下最坚硬的东西。”）

太阳的光辉虽然照耀天下，但是一旦关起门窗，就有照不到的地方；神明虽然不能被人们所发现，但天上地下、海内海外无所不至，化育了世间万物也不会让人知道。因此，做人不要像太阳那么招摇，要像神明那样无影无形，才能达到逍遥的境界。

（2）狡狐搏雉

“狡狐搏雉”出自《人间训》：

夫狐之捕雉也，必先卑体弥耳，以待其来也。雉见而信之，故可得而擒也。使狐瞋目植睹，见必杀之势，雉亦知惊惮远飞以避其怒矣。夫人伪之相欺也，非直禽兽之诈计也。



（译文：狐狸捕杀野鸡，一定先放低身体敛收耳朵，等待野鸡的到来。鸡看到它并相信它畏缩的样子，不加防范，所以鸡被狐狸擒获。如果狐狸瞪大眼睛、耸立尾巴，野鸡看到自己一定会被捕的势头，就会惊惧着向远处飞，避开愤怒中的狐狸。人与人之间也互相作伪欺骗，不仅是禽兽的欺诈计策。）

狐狸捕杀野鸡，采取的是假装软弱来欺骗对方，骗取猎物的信任，从而一举擒获；如果一开始摆出势在必得的样子，反而使对方有了充分的警惕。动物捕猎如此，人间之事也是如此。大家习惯伪装起来互相欺骗，将对方视为猎物，丧失了纯朴的本性。《老子》要求绝学弃智，正是看清了智慧粉饰了狡诈，成为变恶的帮凶。

# 绝代奇书的坎坷命运（代结语）

《淮南子》自汉武帝初年问世，距今已有两千多年的历史。两千年来，《淮南子》命途多舛，能够比较完整地流传至今，实在可称得上意外的惊喜。

西汉时期的《淮南子》并不受重视。《淮南子》崇尚的是黄老思想，汉武帝即位伊始就对儒家思想表现出浓厚的兴趣，在窦太皇太后去世后毅然“独尊儒术”，刘安献《淮南子》正在此前四年，显然不合时宜，从此注定了它的坎坷命运。刘安献书后不久就以谋反获罪，越发加剧了此书的悲剧命运。因此，《淮南子》在汉代并不流行，不是轻易可见的书。《东观汉纪》卷十七《黄香》载：“章帝诏黄香令诣东观，读所未尝见书。……章帝赐黄香《淮南》《孟子》各一通。”黄香以博学能文著称，却视《淮南子》为“未尝见书”，章帝以之给赐黄香，可见当时《淮南子》并不易得，只是在皇家图书馆庋藏。

西汉末年的刘向掌管皇家藏书，开始校定《淮南子》，这是《淮南子》学史上的重要事件。高诱《淮南鸿烈解》说“光禄大夫刘向校定撰具，名之《淮南》”，说明刘向是第一个改名《鸿烈》为《淮南子》的人。《汉书·艺文志》以刘向、刘歆父子的《别录》《七略》为基础所著录的《淮南内》二十一篇、《淮南外》三十三篇等著作，正是刘向的整理成果。刘向的《淮南子叙录》，正是对整理的说明，惜乎今已不存。刘向还大量地引用《淮南子》，体现在《说苑》《新序》《列女传》等著作中。

东汉是《淮南子》研究的第一个高峰，主要成就是注解，已知的有许慎、马融、延笃、卢植和高诱等五家。《后汉书·马融传》载“融注《淮南子》”，惜已失传。延笃注《淮南子》，亦已失传。卢植（公元139-192年）的《淮南子》注，据高诱《淮南子注叙》说：“自诱之少，从故侍中、同县卢君受其句读，诵举大义。会遭兵灾，天下棋峙，亡失书传，废不寻修，二十余载。建安十年，辟司空掾，除东郡濮阳令，睹时人少为《淮南》者，惧遂陵迟，于是朝餔事毕之间，乃深思先师之训，参以经传、道家之言，比方其事，为之注解。”高诱所谓的先师即卢植。《淮南子》高诱注是在卢植注的基础上进行的，如《天文训》“故阳燧见日，则燃而为火；方诸见月，则津而为水”，高诱注“先师说然也”；《览冥训》“于是女娲炼五色石以补苍天”，高诱注“师说如此”；《氾论训》“夫牛蹄之涔，不能生鳣鲔”，高诱注“先师说云也”等。《后汉书》卢植本传说“少与郑玄俱事马融”，则高诱是马融的再传弟子，因此马融、卢植和高诱的注解是一脉相承的。

马融注、延笃注和卢植解已佚，许慎注与高诱注既是最早的注释，又是最经典的注释。现藏各本《淮南子注》，许、高二注早已混淆不清，其中《缪称训》《齐俗训》《道应训》《诠言训》《兵略训》《人间训》《泰族训》和《要略》八卷为许慎所注；其余十三卷主要为高诱所注，亦杂许慎注在内。由于完整的许慎注已经散佚，清代以来的许多学者作了相关的辑佚工作，重要的有陶方琦的《淮南许注异同诂》四卷、《淮南说文补诂叙》，孙冯翼的《许慎淮南子注》，易顺鼎的《淮南许注钩沉》，谭献的《淮南许注举正》等。现代学者专门对许高二注进行了研究（如李秀华《淮南子许高二注研究》），使我们获得了对《淮南子》更加全面、深入的认识。

许慎的《淮南子》注偏重于解释字词、名物、史事、礼制等。如解释字词，《缪称训》“伮于不已知者，不自知也”，许慎注“伮，急”；《诠言训》“鉴见其丑，则善鉴”，许慎注“鉴，镜也”。如解释名物，《齐俗训》“豫让、要离，非不知乐家室，安妻子，以偷生也”，许慎注“豫让，智伯臣。要离，吴王阖闾臣”；《道应训》“遂成国于岐山之下”，许慎注“岐山，今之美阳北也，其下有周地，因是以为天下号也”。如解释史事，《人间训》“蔡女荡舟，齐师大侵楚”，许慎注“齐桓公与蔡姬乘舟，姬荡舟，公惧，止之。公怒，归之蔡，蔡人嫁之。公伐楚，至召陵而胜之也”，材料来自《左传·僖公三年》；《泰族训》“师延为平公鼓朝歌北鄙之音，师旷曰‘此亡国之音也’”，许慎注“灵公进新声平公，平以以问师旷，师旷曰：‘纣以师延作靡靡之乐，纣亡，师延东走，自投濮水而死，得此音必于濮上也’”，材料来自《史记·乐书》。如解释礼制，《齐俗训》“夫儒墨不原人情之终始，而务以行相反之制，五缞之服”，许慎注“五缞，谓三年、期、九月、五月、三月服也”。

高诱的《淮南子》注每篇均有解题。如《俶真训》，高诱解题说“俶，始也。真，实。说道之实始于无有，化育于有，故曰俶真，因以题篇”；《精神训》，高诱解题说“精者，人之气。神者，人之守也。本其原，说其意，故曰精神，因以题篇”。高诱注的内容有：

（一）注明读音，辨析字形，释词通句。注明读音，《精神训》“仇由贪大钟之赂而亡其国”，高诱注“仇，读仇余之仇也”。辨析字形，涉及异体字和古今字，如《俶真训》“若夫无秋毫之微，芦苻之厚，四达无境，通于无圻”，高诱注“圻，垠字也”；《说山训》“咼山之璧，夏后之璜，揖让而进之以合欢”，高诱注“咼，古和字”。释义部分，有音训，如《说林训》“狐死首丘，寒将翔水，各哀其所生”，高诱注“哀，爱也”；有形训，如《地形训》“介鳞者夏食而冬蛰”，高诱注“介，甲”；有义训，如《原道训》“古之人有居岩穴而神不遗者”，高诱注“遗，失也”，《主术训》“冬伐薪蒸”，高诱注“大者曰薪，小者曰蒸”。

（二）训解名物典章。名物如《地形训》“镐出鲜于，凉出茅卢、石梁”，高注“鲜于、茅卢、石梁，皆山名也”；《地形训》“穷奇，广莫之所生也”，高诱注“穷奇，天神也，在北方道，足乘两龙，其形如虎”；《主术训》“然而围于匡”，高诱注“匡，宋邑也，今陈留襄邑西匡亭是也”。典章如《氾论训》“头会箕赋输于少府”，高诱注“头会，随民口数，人责其税。箕赋，似箕，然敛人财多，取意也。少府，官名，如今司农”。

（三）解释史实。《淮南子》的写作中参考借鉴了若干史书和典故，高诱作注时进行了揭示。如《精神训》“子罕不以玉为富，故不受宝”，高诱注“子罕，宋戴公六世之孙，西乡士之子司成乐喜也。宋人或得玉，献诸子罕。子罕弗受。献玉者曰：‘以示玉人，玉人以为宝也，故敢献之。’子罕曰：‘我以不贪为宝，尔以玉为宝。若以与我，皆丧宝也。不若人有其宝。’稽首告曰：‘小人怀璧，不可以越乡。纳此以请死。’子罕置诸其里，使玉人为之攻之，富而后使复其所。故曰不受宝也”，史实来自《左传·襄公十五年》；《精神训》“仇由贪大钟之赂而亡其国，虞君利垂棘之璧而擒其身”，高诱注“仇由，近晋之狄国也。晋智襄子欲伐之，先赂以大钟，仇由之君贪，开道来受钟，为和亲。智伯因是以兵灭取其国也”，“晋大夫荀息谋于献公，以屈产之马、垂棘之璧假道于虞以伐虢。虞公贪璧马，假晋道。既灭虢，还，馆于虞，遂袭虞，灭之”。

（四）阐发义理。高诱生活在东汉末期，东汉学者面对繁杂的章句颇为不满，一变而专注经学大义。早在光武时，桓谭已经“博学多通，遍习《五经》，皆诂训大义，不为章句”；而活跃于明、章时的班固“无常师，不为章句，举大义而已”（《后汉书·班彪列传》）；东汉后期的卢植，“通古今学，好研精而不守章句”；东汉末年的韩融“少能辩理，而不为章句学”。《原道训》载“执道理以耦变，先亦制后，后亦制先”，高诱注“道当随事为变，不必待于先，人事当在后，趋时当居先也”；《览冥训》载“夫道之与德，若韦之与革，远之则迩，近之则远”，高诱注“革之质象道，韦之质象德。欲去远之，道反在人侧；欲以事求之，去人已远也。无事者近人，有事者远人。”《本经训》载“乐者所以致和，非所以为淫也”，高诱注“乐荡人之邪志，存人之正性，致其中和而已，非所为自淫过也”。《主术训》载“是故君臣异道则治，同道则乱，各得其宜，处其当，则上下有以相使也”，高诱注“君所谓可，臣亦曰可；君所谓否，臣亦曰否；是同也。莫相匡弼，故曰乱也。君得君道，臣得臣道，故曰得其宜也”。《说山训》载“故同不可相治，必待异而后成”，高注“同，谓君所谓可臣亦曰可，君所谓否臣亦曰否，犹以水济水，认能食之，是谓同，故不可以相治。异，谓齐君之可，替君之否，引之当道，是谓异也，故可以成事也”。

（五）注重校勘和版本。校勘方面，如《天文训》的“星正月建营室”，高诱注“‘星’宜言‘日’……此言‘星正月建营室’，字之误也”；《地形训》的“海闾生屈龙”，高诱注“《诗》云‘隰有游龙’，言‘屈’，字之误也”。版本方面，以“或作”保留不同版本的异文，《原道训》的“冯夷、大丙之御也”，高诱注“夷，或作迟也，丙，或作白”，《主术训》的“耳能听而执正进谏”，高诱注“谏，或作谋也”。

中古时期的《淮南子》研究极为冷清。胡适《淮南鸿烈集解序》说“中世儒者排斥异己，忽略百家，坐令此绝代奇书，沉埋不显”，指出了《淮南子》在中古时期不为人关注的状况。魏晋南北朝隋唐时期的典籍常常引用《淮南子》。根据刘文典《淮南鸿烈集解》的统计，如《宋书》《隋书》《晋书》《史记索隐》《史记正义》《史记集解》、《汉书》晋灼注和颜师古注、《后汉书》李贤注、《水经注》、《山海经》郭璞注、《穆天子传》郭璞注、《世说新语》刘孝标注、《大戴礼记》卢辩注、《文选》李善注、《说文解字注》《齐民要术》《玉篇》《北堂书钞》《艺文类聚》、《一切经音义》《白帖》《开元占经》《群书治要》等等几十种。南朝裴松之注《三国志》，在《蜀书·杜周杜许孟来尹李樵郤传》一篇中六次征引《淮南子》；传为南朝梁刘勰所著的《刘子》也有很多化用《淮南子》文句的地方。

诸葛亮是重视《淮南子》的政治家。诸葛亮《诫子书》“非澹泊无以明志，非宁静无以致远”，出自《淮南子·主术训》“是故非澹薄无以明德，非宁静无以致远，非宽大无以兼覆，非慈厚无以怀众，非平正无以制断”句。《三国志》卷四二《杜微传》载诸葛亮答书说：“曹丕篡弑，自立为帝，是犹土龙刍狗之有名也。欲与群贤因其邪伪，以正道灭之。”这来自《淮南子·齐俗训》：“譬若刍狗土龙之始成，文以青黄，绢以绮绣，缠以朱丝，尸祝袀袨，大夫端冕以送迎之。及其已用之后，则壤土草蓟而已，夫有孰贵之？”诸葛亮也曾自比管乐，我们知道，《管子》四篇体现的是黄老思想，而乐毅先世正是黄老道家的重要传人乐巨公，因此奉行的是黄老政术。因此王利器《试论诸葛亮的政治思想》说诸葛亮的政治思想以无为为目的，以法治为手段，是汉代以来黄老之学治天下的殿军。熊铁基《秦汉新道家》也说诸葛亮是“黄老道的殿军人物”。



唐代学者开始注意到《淮南子》的价值。唐刘知几的《史通·自叙》："昔汉世刘安著书，号曰《淮南子》。其书牢笼天地，博极古今，上自太公，下至商鞅。其错综经纬，自谓兼于数家，无遗力矣。""牢笼天地，博极古今"是从空间和时间上对《淮南子》给予肯定。南宋黄震《黄氏日抄》卷五十五《读淮南子》："《淮南鸿烈》者，淮南王刘安以文辩致天下方术之士，会粹诸子，旁搜异闻以成之。凡阴阳造化，天文地理，四夷百蛮之远，昆虫草木之细，瑰奇诡异，足以骇人耳目者，无不森然罗列其间，盖天下类书之博者也。"肯定了《淮南子》的博洽，具有类书的功效。

宋代《淮南子》的研究有了新的面貌。一方面是随着印刷术的进步，出现了多种《淮南子》的版本，据吴则虞的《淮南子书录》研究，宋代的版本至少有四种，分为二十八卷和二十一卷两大系统，现仅有二十一卷本尚存北宋小字本，系清代道光年间刘泖生的钞本，今收入《四部丛刊》。另一方面是对许、高二注有了深入的研究，以苏颂最为典范。苏颂面对流传过程中许慎和高诱注混杂一体，以致无法辨别的情况，敏锐地捕捉到高注篇名皆有"故曰因以题篇"之语，高注又详于许注，通过"互相考正，去其重复"，整理出高注十三篇，许注十八篇。

唐宋时期《淮南子》的传播出现了一个新现象，即成为节选的对象。唐宋类书、旧注如《初学记》《艺文类聚》《北堂书钞》《白氏六帖》《太平御览》《文选注》等书大量引用《淮南子》，魏徵《群书治要》、马总《意林》和陶宗仪《读淮南子随识》等节钞本的涌现，不仅保存了《淮南子》旧本的面貌，而且为《淮南子》的校勘和辑佚提供了资料。

明代开始《淮南子》的研究趋于风行。明代学者研究的特征有：一是大量版本的印行。二十八卷本有刘绩、黄焯、王鏊、范庆、吴仲、张登云、叶近山、刘宗器、王元宾等八种；二十一卷本有茅坤、茅一桂、温博、汪一鸾、张维城、何允中、吴勉学、张象贤、张烒如、汪氏述古山庄等十种。尤其是二十八卷的正统《道藏》本成为此后学人研究工作的底本。二是评点著作的增多。明代评点的代表学者有沈津、施观民、陈深、王祚昌、张榜与李柄、焦竑、翁正春、朱之蕃、李元珍、归有光与文震孟等，比如张烒如的《淮南鸿烈集解集评》以茅坤批评高诱注本为底本，进行圈点和眉批，又在每篇低一格附以评语，参引茅坤、袁宏道等评点学说。三是批校和笺释的兴起。批校类有王宗沐《评注淮南鸿烈解》、阙名《淮南鸿烈解》二十一卷、阙名《淮南鸿烈解评点》二十一卷等；笺释类有刘莲台《鼎镌注释淮南鸿烈解》二十八卷、韦际明《淮南子注》二卷、仙作舟《淮南鸿烈补注》、王夫之《淮南子注》等，尤其是傅山的《淮南存雋》，节录《淮南子》的重要文字，根据经典来解释字义及音切，对旧注进行了考订辩驳，指示了清人的治学门径。总之，明代学人虽因“束书不观，游谈无根”颇受讥刺，但积累了《淮南子》研究的一些成果，开辟了清代学者的研究路径。

清代的《淮南子》学号称繁盛，也取得了重要的成就，主要表现有：一是在版本上，庄逵吉利用道藏本校订通行本，校异同、定真伪，并加以疏通旁证，整理出了一部高质量的《淮南子》版本，梁启超《中国近三百年学术史》说“诵习本书者认为唯一之善本，盖百余年”，以其重要的影响力大大地推进了《淮南子》的研究。二是在注释和校勘上，《淮南子》的批校空前繁荣，代表学者有何焯、惠栋、梁玉绳、黄丕烈、卢文弨、钱大昕、王念孙等；《淮南子》的笺释成就巨大，代表学者有王念孙、俞樾、曾国藩、王仁俊、章太炎、孙诒让等。王念孙《读书杂志》中的《淮南子》研究，广搜文献、比勘校理，取得了空前的成就，王念孙也是继许慎、高诱后《淮南子》研究最重要的学者。三是在辑佚上，不仅收集了《淮南子》的许、高注佚文，而且注意到《淮南子》“中篇”的辑佚。

民国的《淮南子》研究，在传统的考据、义理的基础上取得了集大成的成果，代表作是刘文典的《淮南鸿烈集解》，以庄逵吉校本为底本，广泛吸收前人的校勘成果，遍引古代典籍和唐宋类书进行校正，并附上自己的见解，成为迄今为止最重要的《淮南子》注本。沈雁冰（即茅盾）据刘文典《淮南鸿烈集解》编选了《淮南子选注》，正式开始了《淮南子》的普及工作。另外，随着西方学术的渐入，新派学者对《淮南子》的成就有了新的认识，胡适称《淮南子》为“绝代奇书”，便是这种观念的体现。

1949年以来的《淮南子》研究取得了新的进步。在学术领域，出现了两部有影响的注本，一是张双棣的《淮南子校释》，一是何宁的《淮南子集释》，至于学术著作和研究论文，更是不胜枚举；在普及方面，涌现了一系列《淮南子》的简注本和白话译本，方便了不同学历层次的需要。

在此，特别感谢王紫微女士为本书提供全部插图。

# 主要参考书目

[1] 张双棣. 淮南子校释[M]. 北京：北京大学出版社，2013.
[2] 马庆洲. 淮南子今注[M]. 南京：凤凰出版社，2013.
[3] 陈广忠. 刘安评传[M]. 南宁：广西教育出版社，1996.
[4] 王云度. 刘安评传[M]. 南京：南京大学出版社，1997.
[5] 马庆洲. 淮南子考论[M]. 北京：北京大学出版社，2009.
[6] 刘康德. 淮南子鉴赏辞典[M]. 上海：上海辞书出版社，2012.
[7] 李秀华. 淮南子许高二注研究[M]. 北京：学苑出版社，2011.
[8] 杜秀琳. 文学视野中的淮南子研究[M]. 北京：中国社会科学出版社，2010.
[9] 刘爱敏. 淮南子道论研究[M]. 济南：山东人民出版社，2013.

[10] 丁原植.《淮南子》与《文子》考辨[M]. 台湾：万卷楼图书有限公司，1999.
[11] 牟钟鉴.《吕氏春秋》与《淮南子》思想研究[M]. 北京：人民出版社，2013.
[12]［汉］司马迁撰. 史记（修订本）[M]. 北京：中华书局，2014.
[13]［汉］班固等撰. 汉书[M]. 北京：中华书局，1962.
[14] 楼宇烈校释. 老子道德经注校释[M]. 北京：中华书局，2008.
[15]［清］郭庆藩集释. 庄子集释[M]. 北京：中华书局，2004.
[16] 吴毓江校注. 墨子校注[M]. 北京：中华书局，1993.
[17] 许维遹集释. 吕氏春秋集释[M]. 北京：中华书局，2009.
[18] 陈鼓应. 管子四篇诠释——稷下道家代表作解析[M]. 北京：商务印书馆，2006.
[19] 陈鼓应. 黄帝四经今注今译[M]. 北京：商务印书馆，2007.
[20] 王利器. 文子疏义[M]. 北京：中华书局，2009.
[21] 徐复观. 两汉思想史[M]. 北京：九州出版社，2014.
[22] 方勇. 庄学史略[M]. 成都：巴蜀书社，2008.
[23] 王小盾. 经典之前的中国智慧[M]. 北京：北京大学出版社，2016.
[24] 李零. 中国方术正考[M]. 北京：中华书局，2006.
[25] 李零. 中国方术续考[M]. 北京：中华书局，2006.